Barbara Bronnen

Die Stadt der Tagebücher

Barbara Bronnen

Die Stadt der Tagebücher

Vom Festhalten des Lebens durch Schreiben

Wolfgang Krüger Verlag

Mit einer Vignette von
Cornelia von Seidlein

Satz und Druck: Wagner GmbH, Nördlingen
Bindung: G. Lachenmaier, Reutlingen
Printed in Germany 1996
ISBN 3-8105-0241-3

Gedruckt auf chlor- und säurefreiem Papier

Inhalt

»Ein Mann ohne Tagebuch (er habe es nun in den Kopf oder auf Papier geschrieben) ist, was ein Weib ohne Spiegel.«

(Aus den Tagebüchern Gottfried Kellers)

Für Bernd C. Hesslein, den passionierten Tagebuchschreiber und Geschichte-Erzähler, in Dankbarkeit für viele gemeinsame Gespräche über Tagebücher, für seine Anregungen und seine liebevolle Kritik.

I.
Ankunft in der Stadt der Tagebücher

Es ist meine Gewohnheit, das Tagebuch stets obenauf im Gepäck mit mir zu führen, und auch diesmal ist es nicht anders. Ich vergewissere mich noch einmal und schließe beruhigt die Tasche. Heute enthält mein Tagebuch neue Notizen über Liebe und Tod, Leben und Sterben, denn meine Freundin ist seit kurzem Witwe, und unsere Toscana-Abende waren geprägt von Trauer und Melancholie, manchmal Verzweiflung. Im Schatten der Pergola saßen wir mittags vor unseren zwei Gedecken, tranken Wein, sprachen und berührten manchmal das Essen nicht. In unseren Gedanken zwei weitere Gedecke, das ihres Mannes und das meines Geliebten. Ihr Mann ist tot, der ihrem Leben dreißig Jahre lang Zuverlässigkeit und Sicherheit verlieh, und das Leben ohne seinen Schutz ist beunruhigend, ein abgebrochenes Gespräch.

Wenn ich es recht bedenke, habe ich mit dem Tagebuchschreiben begonnen, als ich ahnte, daß ich sterblich bin.

Ich bewahre meine Gefühle in meinem Tagebuch, betroffen und traurig, die Gedanken erprobend, mit denen ein solcher Verlust mich erfüllt. Denn auch mein Liebster ist nicht jung an Jahren, ein Mann, alt genug, daß er seinen Blick nicht von mir abwendet, mit starkem Gesicht und kräftigem Körperbau, einem herrlichen Lachen und verwundbarer Seele, und doch … Das Befristete unserer Liebe hat mir immer zu schaffen gemacht, und die Gespräche mit Eva haben mich tief berührt, dort, wo eine Art Vorschmerz sitzt, der noch schwer zu ertragen ist. Vielleicht wird das besser mit den Jahren, wer weiß.

Ich fing damit an, Tagebuch zu schreiben, als ich ahnte, daß ich allein bin.

Selbst für die zwei Tage trenne ich mich schwer von meinem Haus, und lang blicke ich auf die vertrauten Umrisse zurück. Dabei bleiben wir ja in der Toscana, fahren über den Apennin in Richtung Sansepolcro, durchs Tibertal, eine Gegend, die ich nicht kenne, auf der Suche nach einem kleinen Ort, Pieve di Santo Stefano, der »Città del diario«, der Stadt des Tagebuchs. Mehrmals schon hatte ich den Anlauf genommen und war doch nie so weit gekommen: dort eine Kirche, da eine Burg, ein unbekanntes Städtchen, an den Felsen geschmiegt. Bescheidene Eindrücke, Momentaufnahmen, wie man sie unterwegs macht, Bilder ländlichen Lebens, einfach und schön. Ich mag die gemessenen Bewegungen schwarzgekleideter Frauen in den Dörfern, den Schritt der Männer auf dem Feld. Aber ich sehe auch all die Dinge, welche diese Harmonie stören, den Abfall, die rostenden Eisschränke in den Gärten, die Autowracks neben den Hühnerställen, die abgeholzten Alleen und aufgerissenen Berge mit ihren Kiesgruben.

Die häßlichen neuen Dörfer, die neben den alten Höhlenburgen, an den Felsen geschmiedet, entstehen, die sich nun in Reservate für Deutsche, Engländer und Schweizer verwandelt haben.

An einem wilden Bach machen wir halt. Ich blicke über die Hügel, die anmutigen Waldstücke, die Büsche entlang des Wassers, das entfernte Dorf. Ein Stück europäischer Kulturlandschaft, ein gefügtes und zusammenhängendes Bild, in dem alles seinen Platz hat. Ineinander verwirrte Büsche, von Wicken umwunden und Unkraut bedrängt, dazwischen klare, freie Flächen.

Unsere ineinandergreifenden Themen Liebe und Tod verlassen uns nicht, während wir an den alten Mauern vorbeifahren, an Wiesen mit Schafen, über uns die tiefblaue Luft, Vögel, die sie durchschneiden: die Refugien der Tagebuchschreiber. Sie wollen die Welt für sich, still und menschenleer, in Gestalt kleiner Bäche, verwunschener Wiesen und Brücken, Traumseligkeit auf windumtosten Gipfeln, Sonnenuntergänge am Meer, Waldeinsamkeit.

Ich ziehe mein Tagebuch hervor und schreibe. Über Jahrzehnte hindurch geführt, offenbart es mir das Geflecht der Sorgen einer Frau von heute. Es spricht von ihren Verwirrungen, Verdrängungen, ihrem Sich-Öffnen und Sich-Verbergen, aber auch von ihren Freiheiten und Klarheiten. Mein Tagebuch ist ein Stück Menschenlandschaft.

Eva blickt mich von der Seite an und macht eine ironische Bemerkung über ihre nicht nachlassende Trauer. Ich errate, daß sie dieser Versuch zum Abstand nicht vor ihrer Niedergeschlagenheit schützt. Gleich darauf erblickt sie am Wegrand einen alten Mann, der vor seinem Haus auf der Bank sitzt, und sagt vor sich hin: »Alte Männer haben etwas Rührendes ...«

Der Tod bringt unsere Väter nach und nach zur Ruhe, Brandt, Albertz, Hans Werner Richter. Niemand wird ihre Plätze einnehmen, denn für Väter sind wir nun zu alt. In manchen Stunden fühlen wir das und sprechen über die Anzeichen des Alters, das Gefühl, an Spannung zu verlieren. Nur der schmerzende Verlust hat nicht an Intensität verloren.

Von keiner Reise kommt man unversehrt zurück.

Ich blicke angestrengt in die Leere zwischen den fernen Hügeln, wo das Meer sein muß.

Aus dem Mittelmeerraum stammen die ersten frühen Tagebuch-Aufzeichnungen: Berichte über das Leben und die Taten der Götter ebenso wie die Logbücher der Seefahrer. Aufmerksam betrachtete der darauf angewiesene Mensch das System der göttlichen Gestirne da oben und das der Menschen da unten und zeichnete auf, was er entdeckte, in Form einer Chronik.

So ähnlich begann auch ich mit dem Tagebuchschreiben: »Heute ist Papi mit mir schifahren gewesen. Zwei Krapfen gegessen. Papi hat weiße Schi aus dem Krieg. Die sind im Schnee unsichtbar.«

In Sansepolcro nehmen wir Quartier in einem kleinen Hotel, dessen holzgetäfelter Speisesaal uns gefällt. Wir gehen zum Museum und sehen uns Piero della Francescos »Risurrezione« an, einen seltsam schönen Christus, hinter dessen Stirn weibliches Gefühl zu sein scheint, denn er mag es bedauern, so männlichen Martern unterworfen zu sein – ein zweigeschlechtlicher Christus, fein und weich mit wundem Lächeln, ein wenig spöttisch, das auch. Im Dom werfen wir jede eine Münze in den Opferstock und knipsen dann die elektrischen Kerzen an, lächeln über diese moderne Errungenschaft, und jede hängt eine Weile ihren Gedanken nach.

In meinem allerersten Tagebuch, mit acht Jahren geschrieben, steht auf einer Seite immer wieder der Satz: »Ich muß sterben. Ich muß sterben. Ich muß sterben.« Zwar keine Erklärung, aber eine Einübung meines Geschicks und ein Versuch, zu einem Einverständnis zwischen Leben und Tod zu gelangen. Versuche, die sich ein Leben lang wiederholen.

Als wir das anmutige Sansepolcro verlassen, erwartungsvoll auf die »Città del diario« zuhaltend, erzähle ich Eva von meinem ersten Tagebuch, das ich mit acht Jahren begann, nachts, wachliegend, dem Harmonikaspiel meiner Mutter lauschend, die mit »Onkel Bobby«, einem »Ami« der Besatzung, der mir stets Cadbury-Schokolade mitbrachte, sang. Es ist mir heute nicht lieb, daran zu denken, daß der erste Auslöser fürs Tagebuchschreiben mein Egoismus war: Ich hatte Onkel Bobby meine winzige daumengroße Puppe geschenkt, als Madonna verkleidet, mit selbstverfertigtem Strahlenkranz, den ich aus einem mit Lametta umwickelten Drähtchen gebildet hatte. Nun hatte ich das Recht, um sie zu weinen, mit äußerster Kraft zu schluchzen, damit man mich vernahm. Es ist wahr, ich habe mich ohne Rückhalt weggegeben und einen Teil von mir verschenkt, davon bin ich überzeugt. Wie kann man das tun, ohne zu sterben? Leben ohne mein ein und alles? Aber die Welt fordert, daß man sich durch Geschenke selbst entäußert, leben heißt Uneigennutz ... Doch wie leben mit diesem Gefühl des Versagens, daß ich es nicht verwinden kann, gegeben zu haben, daß ich überströme vor Trauer über diesen kleinen Verlust? Mehr noch: wie leben mit diesen verachtenswerten Zügen von Eigensucht, Geiz und Selbstmitleid? Ich zweifle an meinem Selbst. Doch mein angekratztes Ich formuliert trotzig dennoch immer wieder den Satz: Ich will meine Puppe wiederhaben!

Ein Kampf, wie er sich durch mein ganzes Leben zieht, manchmal ist mir Erfolg beschieden, meist jedoch nicht. Mehr klagend als reflektierend steht in meinem Tagebuch wiederholt der Wunsch: Ich wäre so gern ein guter Mensch ... Ich bin es nicht. Häufig siegt, wie damals, der niedere Teil. Denn schließlich gelang es mir damals ja doch, mit meinen Tränen die kleine Märtyrerin freizupressen, dafür widmete ich Gott in meinem Tagebuch ein gedichtetes Gebet. So ähnlich ist es geblieben, nur mache ich keine dunklen Geschäfte mehr mit Gott. Tagebuchschreiben ist eine Geschichte des Scheiterns, denn die kleinen Siege vermerken wir selten. Doch schäme ich mich nicht meiner Trauer, weil ich nicht anders geworden bin, und ich verachte mich nicht. Ich weiß inzwischen, wenn ich ins Dunkel gerate, komme ich auch wieder heraus. Tagebuchschreiben, ein Kampf ums bessere Ich. Und wenn es schon keine großartige Veränderung mit sich bringt, so ist es doch eine Linderung, eine Stärkung unserer Widerstandskräfte und eine Übung in Geduld.

Die Landschaft wird abgenutzter, ein fast gelbes Licht breitet sich über den Himmel aus. Die Luft wirkt verbraucht, und auf dem Autodach kocht die Sonne. Fabrikhallen, Bauplätze mit Staubwolken, häßliche neugebaute Häuser.

»Pieve di Santo Stefano – Città del Diario«, das Ortsschild: Wir sind angelangt, und enttäuscht blicken wir uns an. Wir haben von einem romantischen, steinernen Dorf geträumt, mit plätscherndem Brunnenstrahl, Erkern, alten Treppen und Blumengärten, mit Gräsern und Rosenbüschen. Abweisend im Halbdunkel liegt das Städtchen da, ein unvertrauter Anblick: neue Häuser, schmucklos und nützlich, wie sie halt sind, kahl, unharmonisch – eine häßliche Bar, ungepflegt, kaum Gärten. Kein sicherer Hort, wie es scheint, sondern nur eine Gemeinschaft von Menschen, die zufällig hier arbeiten und wohnen, fremde Gesichter. Rasch gehen wir auf das Zentrum zu, eine Kirche, endlich ein Platz, noch von alten Häusern umgeben, ein Ort gemeinsamer Intimität. Die Piazza ist mit Stuhlreihen verstellt, um die die Kinder herumtollen, denn morgen findet die Kür des »Premio diario« statt, das »Fest des Tagebuchs«. Und gleich am Platz entdecken wir das Schild: »Archivio Diaristico Nazionale«, das nationale Tagebucharchiv.

In einem kleinen Restaurant essen wir zu Mittag: Arrabiata, Vitello, Salat, ein Eis.

Essen, offenbar ein Grunderlebnis für mich mit acht Jahren, wie Schule, Eltern, Krankheiten, Spiel. Bis zur Pubertät hin ziehen sich meine Auflistungen bescheidener Mahle. Alles längst gegessen, aber im Tagebuch noch festgehalten.

Jacopo da Pontormo

Montag aß ich Hammel, Salat, Trauben, Käse und 11 Unzen Brot. Und ich machte den Kopf, der sich unter der oben gezeichneten Figur befindet.
Dienstag machte ich den anderen Kopf (seitwärts) und Mittwoch den Rest.
Samstag erneuerte ich besagten Rumpf.
Sonntag aß ich mit Bronzino Fadennudeln.
Montag den Helm.
Dienstag den Kopf so … (Skizze).
Mittwoch die Brust. Abends aß ich nichts.
Donnerstag den Arm; abends aß ich einen Eierkuchen.
Freitag (S. Luca) aß ich Eier, 14 Unzen Brot und einen Kohlkopf.
Samstag den Arm und worauf er ruht. Ich aß zu Abend Eier, 9 Unzen Brot, 2 trockene Feigen.
Sonntag aß ich mit Bronzino Fadennudeln und aß dort auch zu Abend.[1]

Wir sitzen in einer Bar nahe der Kirche, um einen Cappuccino zu trinken, da dringt die Stimme eines würdigen Herrn vom Nachbartisch an unser Ohr: »Die Damen sind zum Fest des Tagebuchs gekommen?« Schon stellt er sich vor und nimmt bei uns Platz, um zu erklären, daß das Städtchen von den Deutschen im Krieg zerstört worden ist. Betroffen blicken wir uns an. Ein Ort, an dem unser Land seine verheerenden Spuren hinterlassen hat, ein Stück auch unserer Geschichte.

Geschichte bewahrt sich nicht nur in den Geschichtsbüchern und den wissenschaftlichen Erkenntnissen der Professoren, sie ist am greifbarsten in Memoiren, Erinnerungen und Tagebüchern, Reisebeschreibungen und Briefen. Geschichte ist auch an die unmittelbare Umgebung, an den Ort, an dem wir leben, geknüpft, an Landschaft und Leute, an die Familie und an die Freunde, an Arbeit und Beruf.

Nur das Wort ist fähig, einem solchen Ort, dessen Geschichte, in jedem Ziegel, jeder Mauer, jeder Wand verborgen, die Deutschen zunichte zu machen versuchten, seine Tradition wiederzugeben. Das hatte Saverio Tutini vor zehn Jahren erkannt, als man ihn, den heute pensionierten Journalisten und politischen Schriftsteller, fragte, was man für das kulturelle Klima dieses bescheidenen Städtchens tun könne, wie man es wieder einbetten könne in seine Geschichte. Tutini, ein passionierter Tagebuch-, Memoiren- und Autobiographien-Leser, dachte an seine Leidenschaft. Ein Glücksfall für dieses Städtchen, das heute zwar keine touristischen Attraktionen bietet, aber ein Lebensmittelpunkt italienischer Geschichte und Lebenskunst geworden ist. Ein Städtchen, das ganz nahe an den Menschen ist.

Saverio Tutini, den wir kurz darauf sehen, mit wallendem Weißhaar und Funkelaugen, gemessener Gestik, dunkel gekleidet, würdevoll, widmet sich dieser Aufgabe mit Zurückhaltung und Hingabe. Zu seinem Engagement gehört es, daß er zuhören und auswählen kann und Land und Leute liebt und kennt. So führte er entschlossen, vom Bürgermeister unterstützt, sein Vorhaben durch und baute ein Archiv auf, begann, schriftliche Aufzeichnungen der Menschen aus der Umgebung zu sammeln, von Bauern ebenso wie von Tagelöhnern, von Minenarbeitern, Hausfrauen und Wirten, von Behinderten und Soldaten. Seit zehn Jahren nun leitet Tutini, von Liebe, Mitgefühl und Anteilnahme geleitet, dieses Archiv für ausschließlich unveröffentlichte Tagebücher – das ist seine Bedingung.

Die Menschen haben immer mehr das Bedürfnis nach Authentizität, weil sie sich sonst fremd sind, das macht ihnen angst.

Wir folgen Tutini und dem Schwarm der ihn begleitenden Frauen und Männer; das italienische Zeitgefühl läßt alles eine Stunde später beginnen als angekündigt. Der Platz ist jetzt voll von Menschen. Sie alle leitet der Wunsch, durch persönliche Mitteilungen ein Bewußtsein von sich selbst zu erlangen. Sie sind begierig nach einer der spannungsvollsten Formen des Schreibens, bei der Worte unser Leben und unsere Taten in Frage stellen oder preisen und Konflikte ebenso lösen wie herstellen können. Sie suchen die Anbindung unserer Zeit und Räume an die Vergangenheit, wollen Entwicklungen sehen, suchen den geistigen Austausch.

Sie suchen sich selbst.

Henri-Frédéric Amiel

Berlin, 16. Dezember 1874

(…) Ich danke dir, Tagebuch! Meine Erregung hat sich gelegt. Ich bin wieder ruhig und menschenfreundlich. Eben habe ich dies Heft wieder durchgelesen, und mein

Vormittag ist mir über diesem Selbstgespräch wie im Fluge vergangen. Übrigens habe ich diese Seiten etwas eintönig gefunden: dieselbe Stimmung kehrt drei- oder viermal wieder. Das ist nun nicht zu ändern; diese Seiten sind eben nicht zum Lesen bestimmt, ich habe sie geschrieben zu meiner Beruhigung und als Stütze der Erinnerung. Es sind Marksteine meiner Vergangenheit, und manchmal finden sich anstelle eines Marksteines Grabkreuze, steinerne Pyramiden, Zweige, die sich neu begrünt haben, Kieselsteine, Denkmünzen; all das hilft mir, meinen Weg in den elysischen Gefilden der Seele wiederzufinden. (...) Diese Blätter werden eintönig sein, wenn mein Leben es ist; sie werden sich wiederholen, wenn meine Stimmungen sich wiederholen. So bleiben sie doch immer wahr, und die Wahrheit ist ihre einzige Muse, ihre einzige Rechtfertigung, ihre einzige Aufgabe. Als psychologisches und biographisches Register werden sie mir einmal im Alter wichtig sein, wenn ich alt werde; schon jetzt sind sie für mich wertvoll als Vertraute und Ruhekissen.[2]

Nichts scheint mir plausibler, als daß ausgerechnet in diesem Land, in dem das Bedürfnis, zusammenzusein und sich zu berühren, sich Zuneigung zu bezeugen und sich im ständigen Austausch der Rede nicht nur seiner selbst, sondern auch des andern immer wieder zu versichern, zu fragen und immer wieder zu fragen, – daß ausgerechnet in diesem Land voll blühender Menschenliebe und Menschlichkeit das Tagebuch so zu Ehren kommt.

Hier ist die Pflege eines solch zarten Pflänzchens in besten Händen. »Hätte ich die Italiener gut gekannt«, schreibt Stendhal, »so stünden gesunder Menschenverstand und Scharfsinn bei mir in hohen Ehren und wären mir nicht Wechselbegriffe von Kälte und Gefühlsschwäche.« In seinen *Bekenntnissen eines Ichmenschen* hält er »Machiavellismus« und »Vorurteilslosigkeit« für unerläßlich zur Schulung der Gesellschaftskritik, und die optimalen humanen Strukturen dafür entdeckt er an den Italienern, die es fertigbringen, gleichzeitig kühl und leidenschaftlich zu sein. Sie sind Realisten und Vitalisten zugleich. Ihre Handlungen geschehen nie ohne ein Motiv, sie sehen das Leben in seiner Widersprüchlichkeit, ohne Verklärung, doch voll Sinn für das Mysterium. Sie sind ohne Mißtrauen und kennen die deutsche Unart nicht, Menschen zu werten. Leben ist für sie ein kommunikativer Akt, und die Vielfältigkeit des Menschen Grund zu Bewunderung und Staunen.

Sie haben ihr naives Vertrauen zu den Menschen noch nicht verloren.

Von Frauenblicken umworben, entwirft Tutini gestenreich die Abfolge des Festaktes und erweist sich als amüsanter Exponent einer literarischen Freizügigkeit, mit Menschenliebe und Urbanität verbunden.

Eine stattliche Sammlung von Dokumenten ist in seinem Archiv inzwischen angewachsen, 1500 Tagebücher an der Zahl, die vom Bürgermeister bis zum Schuldiener gelesen werden, unter eifriger Beteiligung des ganzen Städtchens. Und jedes Jahr im September, wenn die Löwensonne endlich ihre Kraft verliert, machen alle Einwohner lustvoll beim Spiel der Preisverleihung mit. Sie lauschen den Aufzeichnungen einfacher Menschen, den Erinnerungen an vergangene Zeiten und den Tagebüchern normaler Sterblicher, die sonst ungelesen vermodert oder auf Dachböden verschimmelt wären, von Silberfischchen verspeist, von den Erben verheizt oder den Müllkippen überlassen. Aufzeichnungen wütender und enttäuschter, anarchischer und angepaßter, gelassener und träumerischer Menschen, die ihre Gedanken mühsam aus den Windungen ihres Lebens gelöst haben.

Sie lauschen, um sich selbst zu erkennen.

Kein neuer Trend einer bekenntnishaften und selbstherrlichen Tagebuch-Renaissance, sondern der rote Faden einer Schreibkultur, der sich durch die Jahrhunderte zieht und wieder aufgenommen wird. Einer Schreibkultur, deren Ende immer wieder prophezeit wurde. Doch spätestens dann, wenn Brüche unser Leben bestimmen, greifen wir wieder zu Stift und Papier, schreiben, ohne an Veröffentlichung oder literarische Wirkung zu denken, in geradezu lebensnotwendiger Praxis. Ein Stück Volkskultur und eine Überlebens-, Rechtfertigungs-, Bewahrungs- und Widerstandsform.

Sich ausdrücken, fern jeglicher Erwartung.

»Geschichten sind das Herzblut oraler Kulturen«, schreibt Barry Sanders in seinem Buch *Der Verlust der Sprachkultur*[3], »und der Geschichtenerzähler ist das Herz des Stammes, des Kollektivs. Er pumpt Geschichten in das Kreislaufsystem des sozialen Organismus und hält sie dort am Zirkulieren. (...) Seine Geschichten geben den Zuhörern die beruhigende Gewißheit darüber, wer sie sind, und rufen ihnen in Erinnerung, woran sie glauben: so erwächst aus ihnen der Zusammenhalt des Kollektivs.«

Das Niederschreiben des Lebens befähigt die Menschen, ihre Meinungen, Gedanken und Wünsche so genau zu formulieren, wie es Menschen, die ohne Schrift leben, nicht kennen. Sie geben den anderen ihren Lebensstoff weiter und teilen mit ihnen die Freude oder die Last, die sie tragen. Sie lernen, für ihren Schmerz, ihre Probleme und ihre Lust Worte zu finden, ihre Gedanken in Sätze zu kleiden. Sie üben sich im Wesen des Erzählens und tauchen in einen Rhythmus ein, in einen Fluß der Wiederkehr des Vertrauten im Wechsel von Neuem, Unerwartetem. Sie schreiben ganz aus der Originalität ihrer eigenen Erfahrung.

In den Tagebüchern entdecken wir auch einen Kampf gegen die Selbstzerstörung, gegen den Verlust mündlicher Rede und der schriftlichen Kultur. Die »Stadt des Tagebuchs« löst die Menschen von ihrem sprachlichen Schattenreich, in dem sie sich befinden, und bindet sie in ihre Umgebung ein.

II.
Das Tagebuch-Archiv

Ich betrete das Tagebuch-Archiv mit Herzklopfen, denn meine Erwartung auf eine überraschende Begegnung ist groß. Tausende von Menschen werden sich mir öffnen und zu mir sprechen, werden mir Einsicht geben in ihr Verborgenstes, in ihre ureigene Geschichte.

Wie kein anderes Archiv verfügt dieses über eine Vielfalt unmittelbaren Lebens, in seinen Tagebüchern eingefangen, diesen Dokumenten kampferfüllter Existenzen, innerer Entwicklungen und eines lebhaften geistigen Austauschs mit sich selbst. Zeiten und Räume werden durch Worte überbrückt und verbinden sich in diesem Gewölbe zu einem einzigartigen Blutkreislauf.

Ich bin zu Besuch bei mir vollkommen fremden Menschen, die sich kühn meinem Blick darbieten und mich an ihrer Erfahrung des Sich-selbst-Erschaffens teilnehmen lassen.

Eine Erfahrung, die unmittelbar ins Geheimnis des Menschen führt.

Wie alle, die das Archiv betreten, stoße ich als erstes auf die große Glasvitrine, in der das edelste Stück der Sammlung ausgestellt ist: ein riesiges Leintuch, so groß wie ein Doppelbett alten Ausmaßes, auf dem die Landarbeiterin Clelia Marchi nach dem Tod des Mannes ihre Lebensgeschichte festgehalten hat.

Stunden der Schlaflosigkeit mitten in der Nacht, eine Tür, die sich leise in den Angeln bewegt, Erinnerungen, die sich im Kopf festsetzen und unter denen sie seufzt, wenn der Schirokko weht, sie sieht ihren Mann, durch einen Unfalltod von ihrer Seite gerissen, leibhaftig vor sich … Seine Gesellschaft ist ihr lieb, sie will sie festhalten, dann hat er keinen Grund mehr, sie für immer zu verlassen.

So beginnt die Bäuerin Clelia zu schreiben, angefüllt mit Fragen an das Leben und voll Empörung über seine Ungerechtigkeit. Sie beschwört sich die Gemeinsamkeit und das verronnene Leben, um zu entdecken, daß es hart, arbeitsam und entbehrungsreich, aber trotz all der Mühsal auch heiter und mannigfaltig gewesen ist. Erst schrieb sie auf Papier, doch dann, als es zur Neige ging und sie nichts anderes zur Hand hatte, vielleicht auch aus stilsicherem bäuerlichen Empfinden heraus, nahm sie das Riesenlaken, spannte es fest aufs Bett und beschrieb es nun Nacht für Nacht auf den Knien rutschend mit einem Filzstift. Diese unverbesserlich Schlaflose malte zwei Jahre lang an ihrem Werk, das nicht nur ihre eigene Geschichte, sondern auch die ihres Mannes und ihrer Umgebung enthält, ihres ganzen Landstrichs, und so zu einer Erzählung aus der Provinz Mantua in zarten Filzstiftzeichen geworden ist. Das unmittelbare, in Dialekt gehaltene, manchmal gar in Lautschrift abgefaßte Selbstzeugnis einer Frau, die die Schriftsprache nicht immer beherrscht, doch voll bildhafter Gewalt und Kraft.

Eine Grenzsituation war der Auslöser, der Tod und ihr Geschick, das, womit sie anders nicht fertig geworden wäre. Deshalb vertraute sie, was sie niemandem sagen konnte, ihrem Tagebuch an, um so ihr Schicksal zu verarbeiten. *Keine einzige Lüge* heißt dieses Tagebuch, das inzwischen in Buchform erschienen ist[4] und das, so ganz anders als *Herbstmilch*, der Roman der Bäuerin Anna Wimschneider, der spektakulär vermarktet und platt verfilmt wurde, einen stillen Weg nahm. Das auf ganz andere Weise als »Leinwandepos« zum Banner des Tagebuch-Archivs geworden ist: »Und so viel Opfer und Mühen, ein Leintuch so groß und breit wie das Meer bräuchte man, um all die Mühen und all den Kummer zu erzählen.«

Eva ist von Clelias Leintuchepos nicht zu lösen, und ich bemerke auf ihrem Gesicht einen Ausdruck von Trauer, Sehnsucht und Angst. Sie denkt an ihren Mann, ihre gemeinsamen Besuche in Italien, die gemeinsamen Mahlzeiten, die Ausstellungen und Veranstaltungen. Und an die nun einsamen Nächte, und ich kann es förmlich sehen, wie ihre Erinnerungen sich auflösen, um der Furcht vor der kommenden Nacht Platz zu machen, schlaflos und allein im Bett.

Ich fühle eine große Nähe zu ihr und achte die Zurückhaltung, mit der sie ihre Trauer bei sich zu behalten sucht, sehe die Bewegung, die ihrem Gesicht mit dem schönen klaren Profil etwas nach innen Gekehrtes gibt, das sie von mir abtrennt.

Unser beider Leben ist sehr unterschiedlich verlaufen. In den dreißig Jahren, die sie mit ihrem Mann verbrachte, habe ich zweimal geheiratet und längere Phasen des Alleinlebens und der Schutzlosigkeit erfahren, habe einen Sohn bekommen und herangezogen, der bald das Haus verlassen wird. Sehr spät, mit vierundfünfzig Jahren, habe ich mich in die Liebe zu einem

Mann eingelassen, den ich schon seit zweiundzwanzig Jahren kannte und schätzte, mit Mut und neuem Vertrauen. Seitdem ist kein Tag vergangen, an dem wir nicht täglich, obwohl achthundert Kilometer voneinander getrennt, miteinander gesprochen und einander geschrieben hätten. Das Schreiben ist für uns beide wichtig, und ihm wie mir ersetzt es zu einem Teil das Tagebuch: Liebesbriefe, in denen nicht nur unsere Geschichte und unsere Gedanken enthalten sind, sondern auch die Geschichte unseres Landes. Aufgezeichnete Erfahrungen, Früchte unserer Gedanken, Zeichnungen, Scherze, Liebesworte, Ansätze, einander unser Leben zu erklären. Briefe voller Vorsätze und immer wieder Reflexionen über den Tod.

Mir tut es leid, daß Eva dabei ist, ihre Lebenslust aufzugeben, auf die ich manchmal eifersüchtig gewesen bin, nicht anders als auf ihr Behütetsein und diesen liebevollen Schutz. Es tut mir weh zu sehen, wie sie unter diesem Leben, so ungewohnt allein, leidet, fast ohne sich zu beklagen; – sie muß versuchen zu lernen, was sie noch nie tun mußte. Ich bin überzeugt, daß sie diese Höflichkeit, die manchmal Zeichen ihrer Ungeduld trägt, nicht ohne Anstrengung durchhält. Sie ist es nicht geübt, sich anderen Menschen anzupassen, ist diesem Ausgesetztsein in einer Frauenfreundschaft nicht immer wohlgesonnen. Sie braucht die männliche Anerkennung und das Bewußtsein, als Frau gesehen zu werden, mag nicht diese Gleichgeschlechtlichkeit. Ich kenne das von mir und fühle mehr, als ich weiß, wie es ihr damit geht. Ihre wunderbare Ahnungslosigkeit in allem, was allein ausgetragene Kämpfe einer Frau von heute angeht, macht aus mir eine nicht immer gern ertragene Person. Manchmal kann ich richtiggehend sehen, wie sie an sich verzweifelt und sich ungeduldig fragt, ob sie jetzt noch, mit fast Sechzig, dazu imstande ist, sich zu verändern.

Sie seufzt, und ich höre, wie sehr ihr die mächtige, sensible und tatkräftige Gegenwart ihres Mannes fehlt. Sie tritt vor dem Leintuch zurück, nähert sich erneut, tritt abermals zurück und sagt: »Vielleicht sollte ich auch nachts Tagebuch schreiben, dann, wenn ich nicht schlafen kann.«

»Warum nicht? Eine gute Idee, niederzuschreiben, was dich bedrückt.«

»Ich weiß nicht … Ich weiß nicht einmal mehr, wer ich bin.«

Samuel Johnson

London, 1. Jan. 1753

Was ich in Zukunft benutzen werde:
Allmächtiger Gott, der du mir mein Leben bis zum heutigen Tage gewährt hast, vergönne mir, daß ich mit Hilfe deines heiligen Geistes die Zeit, die du mir zubilligen wirst, zu meinem ewigen Heil anwenden möge. Halte mir, dir zum Ruhme, dein Gericht und deine Barmherzigkeit vor Augen. Laß mich den Verlust meiner Frau, die du von mir genommen hast, so ansehen, daß ich dank deiner Gnade dadurch bestimmt werde, den Rest meines Lebens in der Furcht vor dir zu führen. Gewähre mir dies, o Herr, um Jesu Christi willen. Amen. Vater unser usw.

Ich hoffe, von diesem Tag an den Vorsätzen beim Tode meiner Frau treu zu bleiben
Früh aufzustehen
Keine Zeit zu vertrödeln
Ein Tagebuch zu führen.[5]

Gegen das große halbrunde Fenster des Archivs stößt immer wieder eine Hummel, hebt ab und fliegt aufs neue dagegen an, so daß das schwingende Glas leise erbebt. Unwillkürlich sehe ich in ihr das Abbild der hier versammelten Tagebuchschreiber, die immer wieder gegen etwas anrennen, das sie davon abhält, frei zu sein, und die versuchen, mit diesem Widerspruch zu leben.

»Tagebücher präsentieren gewesenes Präsens. Nicht als Bestandsaufnahme, sondern als Momentaufnahme. Nicht im Überblick, sondern durch Einblicke. Tagebücher enthalten Anschauungsmaterial, Amateurfotos in Notizformat, Szenen, die der Zufall arrangierte, Schnappschüsse aus der Vergangenheit, als sie noch Gegenwart hieß«, schreibt Erich Kästner.[6] Unaufhörlich wächst die Zahl dieser Momentaufnahmen im Tagebuch-Archiv, und täglich treffen neue Zeugnisse ein. Tutini berichtet, daß es im ersten Jahr hundert, im zweiten zweihundert, zuletzt gar dreihundert Einsendungen jährlich gewesen sind. Eine umfassende Lektüre, die Geduld erfordert. Dokumente, etwa zu jener Zeit verfaßt, als Triest noch Eigentum der Österreicher war, ebenso wie das Tagebuch eines italienischen Kriegsgefangenen, der 1917 die russische Revolution miterlebte, Liebesbriefe aus dem Risorgimento neben den Tagebüchern sizilianischer Emigranten aus Amerika.

»Banca della memoria«, Bank des Gedächtnisses wollte Tutini sein Archiv zunächst nennen, Momentaufnahmen vergangener Zeit.

»Den ›reinsten‹ Tagebüchern der letzten fünfhundert Jahre ist eins gemeinsam: die Unmittelbarkeit, der Verzicht auf Stilisierung, das Nebeneinander von Persönlichem und Sachlichem, im Fragmentarischen die Mischung von Staccato und Legato«, schreibt Gustav René Hocke in seiner Abhandlung über europäische Tagebücher.[7] Er weist auf den Brief hin, der ähnliche Eigenschaften besitze, sich dagegen an ein Du richte. Das Tagebuch hat nicht die Tendenz, sich aus dem eigenen »Zimmer als Weltgeschichte« (Kafka) zu entfernen.

Ein solches Zimmer ist dieses Archiv, in dem populäre Schriftkultur gepflegt und aufbewahrt wird. Doch wird es nicht als Verschlußsache betrachtet, sondern ist offen für jedermann. Kein Ort blinder Sammelwut, die darauf aus ist, versteckte Poeten unter den Tagebuchschreibern zu entdecken und auszubeuten. Ein Ort, an dem auch sprachlich unvollkommen und fragmentarisch Ausgedrücktes seinen Platz hat, um unser Bewußtsein auch für jene zu schärfen, die uns sonst nicht zugänglich sind.

Ein Archiv des großen Schweigens, das hier gebrochen wird. Zeugnisse von Menschen, die nach außen wenig über sich selbst verlauten ließen, die aus dem Nirgendwo kamen und ins Nirgendwo entschwanden, der Vergessenheit und dem Nichtverstehen anheimgegeben.

Kein anderes Archiv schenkt uns so viele Rechte, so wunderbare Privilegien wie dieses. Betreten wir es, so liegt vor uns der Übergang in eine andere Dimension. Vom Tod her entfaltet sich uns ein Leben bis zu seinen Anfängen zurück, ein Mensch läßt uns in sein Innerstes blicken und auf den Grund seiner Existenz sehen.

Ein Raum reinster Betrachtungen und anschaulichster Spekulationen, durchdrungen von der Verbindung zwischen uns und jenen Schreibern und ihrer Welt. Ein Raum der Rückverbindung.

Das, was wir zuweilen ahnen, wenn wir einen Menschen sehen, was in der Tiefe unseres Bewußtseins wie ein Lichtstrahl aufblitzt, erscheint uns hier in wortwörtlicher Festgehaltenheit. Wir schulen an diesen Dokumenten unsere Fähigkeit, die mitgebrachte Welt des anderen zu erkennen. Dazu bedarf es keiner phantastischen Einbildungskraft. An diesen nüchternen Chroniken menschlichen Lebens können wir festmachen, wann unser Ich über sich selbst hinauswächst und zur Erfahrung des Erschaffens wird. Wie wir den alten Menschen ausziehen und den neuen anziehen können – ein schwer erworbener, ein immer wieder neuer Triumph.

III.
Wie die Tagebücher aussehen

In einer Welt, die von Extremen beherrscht wird, von tödlicher Stille oder heillosem Lärm, ist das Tagebuch-Archiv ein Ort, an dem das authentische Wort, das so selten geworden ist, zu Hause ist. Hier findet ein wirklicher Austausch statt. Hier führen wir Gespräche, die mehr sind als der Small talk des Alltags, hier finden wir wahre Worte. Sobald ich einen der großen Folianten aus dem Regal hebe und aufschlage, liegen die Menschen vor mir, kriechen die Buchstabengeisterchen aus ihrem Schlupfwinkel heraus, gähnen und räkeln sich bei dieser Befreiung und beginnen zu sprechen. Da ist die gelangweilte Hausfrau, die von ihren Sehnsüchten nach Liebe spricht. Da die Verlassene mit ihren zögerlichen Unterlängen, jeder Strich ein Stich ins Herz. Der lüsterne Lebemann dehnt sich breit unter seinem seidenen Morgenrock und schwingt sich selbstgefällig von links nach rechts. Eine entzückende Zwanzigjährige öffnet ihre Bluse und läßt mich ihren Busen sehen, mit künstlichen Arkaden schlingert sie über die Seite nach unten. Der einsame Schüler passiert blaß und dünn mit hohem, engem Strich, als bemühe er sich, Platz zu sparen. Der alte Weltumsegler hängt flügellahm und müde geworden über einem Abgrund. Die alternde Schöne überläßt sich ihrem melancholischen Zug nach unten und stürzt ab. Der Student, der sich in der Wüste verirrt hat, schert wie ein Krebs über die Seiten, reizbar und verhuscht, einen Schritt vor und zwei zurück. Der abgemagerte Bergarbeiter hüstelt, er steckt fest hinter seinen selbstgezogenen Gitterstäben, rankt sich an ihnen hoch und blickt voll Sehnsucht nach draußen zur Sonne. Das junge todkranke Mädchen mit seinem zusammengepreßten Gesichtchen und seinem kahlen Kopf weint.

Ein Vorübereilen fremder Schicksale und ein Akt des Widerstands gegen das Vergessen. Menschen, schön und traurig, treten vor mich hin und erzählen: von ihren Vätern und Müttern, ihren Freunden, Geliebten, Kindern. Ihrer täglichen Arbeit, ihren Häusern und Reisen. Ihren Kümmernissen und ihrem Leid. Sie weinen, klagen, freuen sich. Tagebücher, so vielfältig in der Form wie die Charaktere. Die Tagebücher bringen mich dazu, mir ihr Leben vorzustellen.

Menschen, die nachdenken und nachfragen. Die Geständnisse machen und sie widerrufen: ein Stück Welttheater. Abgründe einer Zeit, die zwischen uns liegt, Abgründe an Leben, die ich nicht ausfüllen kann, klaffen zwischen uns, und doch sind sie meinesgleichen. Sie alle suchen das Gleichgewicht zwischen dem Ich und der Welt, nicht anders als ich. Verinnerlichtes Leben: das gibt es, in dieser Fülle niedergeschrieben, nur hier.

Wenn ich so einen Band aufschlage und ein Menschenleben betrete wie ein fremdes Zimmer, habe ich manchmal das Gefühl, indiskret zu sein. Und doch gibt es nichts, was mir nicht vertraut wäre. Ich sehe diese Menschen, wie sie aus ihrer Intimität hervortreten, das appelliert an mein Verständnis und meine Toleranz. Ihre

Schutzlosigkeit und ihr Ausgeliefertsein will ich nicht mißbrauchen.

Menschliches ersteht vor meinem Auge, Allzumenschliches, Ausgeprägtes, Tradiertes und Widersprüchliches, Triebhaftes und Fragwürdiges, Anpassung und Widerstand, Chaotisches und Geordnetes. Immer wieder Grenzsituationen, in denen wir uns finden, Dinge, mit denen es fertig zu werden gilt und mit denen wir uns deshalb auseinandersetzen müssen.

In dieser Intimität offenbart sich ein Stück unserer Geschichte: die Geschichte des problematischen Menschen. Eine existentielle Erfahrung des Menschen zu allen Zeiten.

Die meisten von uns erleiden die schlimmste Behandlung nicht durch andere, sondern durch sich selbst.

Die Körper dieser Tagebücher erzählen von ihrem Leben. Manche haben eine alte, lederne Haut, die sie sich haben wachsen lassen, um mit dem Leben fertig zu werden und sich davor zu schützen. Andere wieder sehen aus wie frisch gehäutet, ein feines Nervennetz; zart und anfällig, verletzt sie das Tageslicht. Manche wieder sehen aus wie Fakirbretter, mit Nägeln gespickt, die Haut des »modernen Hypochondristen, Humoristen und Heautontimorumenen«, Zeichen der modernen problematischen Menschen, »die keiner Lage gewachsen sind, in der sie sich befinden, und denen keine genug tut. Daraus entsteht der ungeheure Widerstreit, der das Leben ohne Genuß verzehrt«, so Goethe, selbst nicht gerade eine unproblematische Natur.

Andere wieder zeigen eine nackte gebräunte Brust, glänzend vor Salz und Sonne, die sich darin widerspiegelt – halbnackte junge Männer, vor dem alltäglichen Leben ausgerissen, die von großen Schiffen winken, mitten im Ozean. Daneben die errötende Haut des von den Müttern verwöhnten Männchens, von Frauenblicken zärtlich umschmeichelt, Aufruhr im Herzen: es zieht ihn nicht zu den Frauen. Oft nur ein schmales Heftchen, unansehnlich und gerupft wie ein Hühnchen, auf dem Einband blaßrosa Blut.

Sie sind mit Pappe, Leinwand, Packpapier, Blümchentapete, Hanf und Seide umwunden, mit getrockneten Blumen, Farnen zwischen die Seiten gepreßt, mit gemalten oder ausgeschnittenen Bildern, Zeichnungen und Photos versehen. Sie tragen Etiketten, sorgfältig beschriftet, in Korrent, in römischen Lettern. Manche sehen aus wie Straßenjungen oder Sklaven, die in falsche Hände geraten sind, voll Wunden und Schwären, gar mit Fausthieben traktiert oder gepeitscht. Manche hat man versucht zu ertränken und aus dem Rinnstein gefischt, sie sind aufgeborsten und aufgequollen, die Schrift ist zerlaufen, und die Seiten sind voll gestockter Flecken. Andere wollte man verbrennen, doch so leicht brennen Bücher nicht, sie sind angesengt und angekohlt, an ihren eigenen Obsessionen erstickt.

Einige tragen Spuren des roten Weins, mit dem der festgehaltene Kummer hinweggespült wurde, er rieselte darüber hin wie ein schmales Bächlein. Sie sind im Keller vermodert und wurden entdeckt, aussätzig und mit Pusteln bedeckt. Sie bekamen Eselsohren, die Ringe abgestellter Tassen, Öl- und Sugoflecken, Buttermale, Bratensauce, Nagellack, die Abdrücke fettiger Daumen wie aus einer Verbrecherkartei.

Wie unser Leben tragen die Tagebücher Spuren, und

sie offenbaren unseren Drang nach Unvollkommenheit.

Bücher, die nie ein Lektor in der Hand hatte, Bücher, die niemand redigiert hat, Bücher, nie gedruckt. Hefte ohne Rand, die Seiten vollgeschrieben, mit der Hand, manchmal mit der Maschine. Marktspekulationen waren den Autoren fremd, ganz damit beschäftigt, sich klar genug zu erkennen und sich in jenem Teil ihres Wesens, den sie verdammen, wiederzufinden.

Bücher, die sonst dem Dachboden gehört hätten, den Schwalben, Mäusen und Katzen, der Spinne im Zaubernetz, die die Schrift versilbert hat.

Unschuldige Bücher, die niemand gehören, Geständnisse, nur für reine Geister.

Bücher, die nicht verkauft werden, Bücher nur für ein kleines Publikum, mit dem die Verfasser gar nicht gerechnet haben. Bücher, die nie in Kritikerhände fallen werden, nur in die Hände dieser kleinen Leserschaft. Bücher, geschrieben, ohne sich ein Bild des Lesers zu machen, an ihm vorbeigeschrieben, nur für das eigene, so schwer erworbene und verteidigte Ich.

Und doch finden sie nun ihre Leser. Da kommt die Volkskundestudentin, um etwas über das Brauchtum dieser Gegend zu erfahren. Der Lehrer, der Kriegsberichte sucht, um sie seinen Schülern vorzutragen.

Und Schriftsteller natürlich, immer auf der Suche nach Stoff. Sie begegnen diesen unerwarteten Quellen mit Entdeckerfreude. Für sie sind diese Tagebücher ein kostbarer Wert: ein Stück Leben.

Wenn ich die Vielfalt der Schriften sehe, überkommt mich eine Art Rausch. Die Tagebücher sind mit Tinte geschrieben, mit Bleistift, mit Kuli, mit Tusche gemalt. Ich spüre den waagrechten und schiefen Zeilen nach und dem harten gewölbten Nagel, der eine Markierung hinterließ, dem blaßblauen Tintenstreifen, der dem geschwungenen Großbuchstaben vorangeht, folge dem feuchten Flügel, der aus dem W geworden ist, und ahne die Träne. Sehe das zitternde Beginnen und das gefestigtere Enden, die gewonnene Kraft und Schärfe. Die Schreiber haben den notwendigen Bodensatz gebildet und sind nicht mehr in Gefahr.

Da diese Tagebücher einen Leser nicht nur ausschlossen, sondern auch nicht wünschten, verleihen ihnen Vorsicht und Wachsamkeit die absonderlichsten Formen, eine Verstellung bis zum I-Tüpfelchen hin. Wie Diebe verwischten die Schreiber ihre Spuren. Manche Tagebücher sind in einer eigenen Kurzschrift gehalten, andere in Geheimschrift. Man stellt, besonders bei erotischen Passagen, die Buchstaben um, schreibt Kryptogramme, welche dem Interpreten ein mühevolles Entschlüsseln auferlegen. Die schlechten Erfahrungen mit einer argwöhnischen und intoleranten, feindseligen Umwelt verführen die Federn zu symbolischen Ideogrammen, zu phantasievollster Verklausulierung. Man geht nach Gutdünken mit Grammatik und Syntax um.

Der Dandy und Ephebenverehrer August von Platen verwendete das Portugiesische, wenn es um Intimes ging, und schwärmte in einem Kauderwelsch verschiedenster Sprachen. Stendhal, von Polizeispitzeln in die

Enge getrieben, arbeitete mit Kryptogrammen und mathematischen Wurzeln.

Jedes Wort ein Versteck, ein aufregendes Spiel mit dem Ich.

Goethe zog in seinem kaum »intimen« Tagebuch einfache, aber voll Sinnenfreude steckende astrologische Symbole vor, mit denen er ihm nahestehende Personen bezeichnete. Sein phantasievoller Geist »sonnt« sich gern im Schein der Frau von Stein, die auch sein Mittelpunkt war: ☉. Die Begleiterin seines Erdendaseins, die Herzogin Anna Amalia, umschreibt er mit dem Mond: ☽; Jupiter, ♃, der größte und massenreichste Planet, rosafarben und einst der altrömische Himmelsgott, ist Herzog Karl August, ♐, Schütze, Prinz Konstantin und ♀, Venus, die Gräfin Luise von Werthern. So können wir seine charmanten und verzaubernden Zeichen entschlüsseln, bei denen er dem magischen Vorbild der Natur folgt, und lesen, zum Beispiel in den Nachrichten von Oktober bis Dezember 1781: »Täglich mehr Ordnung, Bestimmtheit und Konsequenz in allem. Glück durch ☉.« Oder: »Ruhe und Ordnung zu Hause. Sorge wegen ♃ allzu kostspieligen Ausschweifungen. Mit ☉ stille und vergnügt gelebt.«[8]

IV.
Die Anfänge meines Tagebuchs und die Anfänge der Tagebuchschreibung überhaupt

»Wann eigentlich schreibst du Tagebuch?«

Es scheint, daß mich Eva nur zu dem Zweck erneut am Leinwandtagebuch vorbeigeführt hat, um diese Frage zu stellen. Für eine Weile nehmen wir auf zwei Stühlen Platz, und ich blicke sie an. In ihrem Gesicht ist etwas Außergewöhnliches und Merkwürdiges, das ich nicht fassen kann, das sich meinem Gedächtnis eingeprägt hat. Und obwohl ich nicht weiß, was es ist, so weiß ich doch, daß es etwas ist, das ich kenne. Plötzlich blicke ich sie an, als sähe ich sie zum ersten Mal. Etwas wie ein allmähliches Bewußtwerden oder Erwachen, eine Bewegung innerhalb ihrer Erstarrung, ein kleiner Anfang, herauszutreten, wer weiß …

»Immer dann, wenn ich mich meiner Umgebung nicht gewachsen fühle und meine Unzulänglichkeit empfinde, dann schreibe ich von meinen Ängsten, meinen Fehlern und Niederlagen, seltsam, immer dann. Danach kann ich mich wieder aufrichten und mir sagen: Das bin ich, so bin ich. Ich bin die Frau, die dies nicht kann.«

Plötzlich bin ich es, die von Schwermut erfaßt wird, und ich sage: »Schade, daß ich so selten schreibe, wenn ich glücklich bin …« Von meinen Briefen an meinen Liebsten will ich jetzt nicht sprechen, denn mich hält ihre Verletzlichkeit zurück. Unsere Rollen, so spüre ich, haben sich vertauscht: Manchmal ist sie es, die mich jetzt vielleicht ein wenig beneidet.

»Und hilft es?«

»Es hilft. Hilft zumindest, zu erkennen, daß es immer wieder dieselben Dinge sind, gegen die ich anrenne. Sie niederzuschreiben, gibt mir dennoch Frieden, zumindest für eine Weile. Aber ich bin oft an mir verzweifelt, wenn es mir an Verständnis für andere fehlt. Ich bin nicht zufrieden mit dem, was ich tue, und würde es so gern besser machen. Immer wieder diese Ängste, immer wieder diese Versuche, neu zu beginnen, seit siebenundfünfzig Jahren nun …«

»Und trotzdem, immer wieder?«

»Ja, trotzdem, immer wieder, auch jetzt, da ich langsam alt zu werden beginne. Immer wieder diese Suche, ehe es ein für allemal damit vorbei ist. Ach ja, manchmal sind wir längst angekommen und haben es doch nicht gefunden.«

Meine Tagebücher, von der ältesten, fast vierzig Jahre alten »Chronik« täglicher Ereignisse und Mahlzeiten (»mit Cissie wegen Guggi gestritten«), einer recht archaischen Form der Geschichtsschreibung, bis hin zum »Journal intime« meiner moralischen und sexuellen Selbstentblößung und meinen kritischen »modernen« Tagebüchern ist es ein weiter Weg. Ich finde ihn auch in diesem Archiv wieder. Er spiegelt zugleich die Geschichte des Tagebuchs überhaupt wider.

Welche Vielfalt der Form! Da sind einfache Notizhefte, die mit Stichworten operieren, eine Art Buchführung täglicher Verrichtungen. Man scharrt zusammen, zählt alles auf: Ausgaben, Besuche, Gespräche, Krankheiten, Pläne, Wetterlage, Sonnenstand, Naturereignisse, Küchenrezepte, man ordnet und bringt alles in die Reihe.

Wenn ich diese Kladden durchblättere, sehe ich, wie klein unser Leben ist und wie sehr wir damit zu tun haben, unsere Verhältnisse zu organisieren und zu ordnen, wie sehr wir der Erinnerungsstützen bedürfen. Das Memorandum, die Agenda, nun gar als prunkender Laptop, haben sich bis heute erhalten. Die Fülle der täglichen Ereignisse erleichtert uns das Schreiben, und Goethe spottete:

»Es schnurrt mein Tagebuch
Am Bratenwender
Nichts schreibt sich leichter voll
Als ein Kalender.«

Es sind ebenso kleine Hefte wie dicke gebundene Bände, Leermuster wie einzelne Blätter, die im Ordner geheftet werden, und manchmal, ich gebe es zu, blättere ich heute noch in dem winzigen Heftchen, in dem ich das tägliche Gewicht meines Söhnchens eingetragen hatte.

Mein erstes Tagebuch hatte mir meine Mutter geschenkt, außen blau, mit grauem Papier, die Kriegsausgabe sozusagen. Mein Sohn schreibt wie ich jetzt in dicke Leermuster, leinengebunden, die ich von den Verlagen erhalte. Bernd kauft gebundene linierte Hefte, Ingrid schreibt in Filmmanuskripte, und Adelheid verwendet Notenpapier, Johanna zeichnet und schreibt in breite Zeichenhefte – der Bogen ist weit gespannt. Maria, die Photographin, klebt untertitelte Photos ein, und

Angelika, die Journalistin, ergänzt Persönliches durch Zeitungsberichte.

Mein Tagebuch, das ich jetzt gerade beschreibe, hat ein heiteres, bäuerliches Gesicht. Immaculata aus Castiglione hat es in Leinen gebunden, mit einem heiteren persischen Muster verbrämt, ein Buch wie eine mit Hühnerfutter gefüllte Schürze in Gelb und Blau und Rot, in das ich meine Körner lege, eins nach dem anderen, um dann die Spreu vom Weizen zu sondern.

Allmählich aber verhielt ich mich mir ebenso wie anderen gegenüber weniger nachsichtig, ich wurde kritischer gegenüber der Welt. Schon früh, mit neun Jahren, weiten sich meine Daten zu kleinen Werturteilen (»Der Spinat war grauslig« oder »Inge ist eine blöde Kuh«), ich kommentiere Gespräche (»Mutti mischt sich in alles ein«) und betrachte kritisch meine Lehrer wie einst die Chronisten ihre Herrscher, Volkstribunen und Marschälle (»Der Sto ist ein Tyrann«). Ich befinde über religiöse und schulische Ereignisse, und diese Kritik an meiner Außenwelt setzt eine kampfesfrohe Beobachtung meines eigenen Ichs in Gang (»Wieder trotzig ein Loch in die Tischdecke gebohrt. Warum tue ich das?«).

Manchmal bin ich erbarmungslos in meinem Urteil und beobachte mich genau (»Ich mag mich nicht, wenn ich immer gleich heule, nur weil einer was gegen mich sagt«), ich entwerfe Briefe an Instanzen wie Verleger (»Lieber Onkel Rowohlt! Warum gibt es nicht Taschenbücher für Kinder?«), Dichter (»Lieber Herr Rezzori! Ihre ›Männerfibel‹ ist besser als van de Velde«), und selbst meine ersten Gedichte, dem Vater verehrt, wie jenes vom »Onkel Barnabas«, der seines Weibes nicht mehr froh wird, sind in meinen Tagebüchern handschriftlich vermerkt.

Meine aufkeimende Pubertät dient der Selbsterkenntnis, und ich begegne meinem sich verändernden Ich mit vorsichtiger Kritik. Wie die uns historisch überlieferten Tagebücher der Renaissance, so werden auch meine zunehmend berichtend und erzählend, und ich entdecke heute gar stilisierende Tendenzen. Allmählich gleite ich in die bekennerische Sprache der »Konfessionen«: Ich bin sozusagen in der Mitte des achtzehnten Jahrhunderts angelangt, als James Boswell das erste Konfessions-Tagebuch Europas verfaßte, zunächst auf unzähligen Zettelchen notiert, wie er sie gerade fand, und dann ins reine geschrieben. (Auch ich notiere nach wie vor manchmal, was mir untertags auf- und einfällt, auf kleine Zettel, Fahrscheine, Streichholzschächtelchen, wenn ich mein kleines Notizheft vergessen habe, und übertrage es abends ins Tagebuch.) James Boswells *Londoner Tagebuch* ist ein »reines« Tagebuch trotz seiner Stilisierung, und zugleich der Beginn des Tagebuchs als einer Gattung der Literatur, die sich neben dem Roman, der Erzählung und der Lyrik behaupten wird.

Ein richtiges Reisetagebuch habe ich nie geschrieben, bestenfalls flossen Reisenotizen in mein Tagebuch ein. Doch immer hat mich mein Tagebuch auf meinen Reisen begleitet. Bei äußerlichen Veränderungen gaben mir seine Existenz und meine damit verbriefte fehlerhafte Unveränderlichkeit gleichsam Kontinuität. Es war ein Stück Zuhause, das mir Vertrauen und Sicherheit verlieh, wenn ich eine schlafende Welt belauschte und mich wach fand unter fremden Schatten und Geräuschen, von Unbekanntem geängstigt und knisternden Balken, dem Atem eines noch nicht vertrauten Menschen oder dem unheimlichen Schrei eines fremden Tiers.

Meine erste Reise ging mit acht Jahren in die Schweiz. Kränklich, bleich und schwach, wurde ich von der Caritas verschickt, um mich zu erholen. Die erste Trennung von zu Hause, zum ersten Mal im Leben allein: Ich weinte mich vor Heimweh in den Schlaf, während sich die beiden Bauernmädchen im Bett neben mir schamlos liebten. Ich schlich in den Kuhstall, den ich auszumisten hatte, mein Tagebuch unter der Schürze versteckt, um mir meine Einsamkeit vom Herzen zu schreiben, und einmal fiel mir mein Tagebuch ins dreckige Stroh. Ich verpflichtete mich, dort, auf beflecktem Papier, über meinen Ausflug in ein unbekanntes Leben zu schreiben, ganz auf mich allein gestellt, unter fremden, bäuerlich verschlossenen Menschen, deren Gewohnheiten mich ängstigten. Für die die Geburt eines Kälbchens zwar etwas Alltägliches war, aber doch wichtiger als die Tränen eines kleinen Mädchens (als die Frau ein Kind bekam, wachte niemand, doch bis die Kuh kalbte, schlief der Bauer nächtelang neben ihr im Stroh).

Es war im Juli 1946, und ich fühlte, daß meine erste Ablösung für mich ein wichtiger Zeitpunkt war. Erst später erfuhr ich, daß ich auch deshalb weggeschickt worden war, weil meine Eltern sich entfremdet hatten, ein Geheimnis, das sie vor mir lange Zeit hüteten und in sich verschlossen. Und doch, wenn ich an meine tiefe

Trauer denke, dem Anlaß eines Erholungsurlaubs unangemessen, so weiß ich heute, daß der Wind mir Samen dieses Geheimnisses zugetragen hatte. Ich fühlte mich aus dem Haus gestoßen und meines Vaters beraubt.

Aspekte meiner Tagebuchnotizen, die ich heute besser erkennen kann: eine Reise fort von unbewußter Verwurzelung, und eine neue war noch nicht in Sicht, bot keine Sicherheit und Zuflucht. Mein Aufenthalt in der Schweiz, hoch in den Bergen, fernab vom nächsten kleinen Dorf, in das ich zwei Stunden lang gehen mußte, um Brot zu holen – eine Wildnis, ein Ausgesetztsein, ein Fall in die Leere, eine Zeit größter Verlorenheit und Neuorientierung. Noch fürchtete ich die Fremde und fühlte mich unbehaust unter diesen Menschen, ihren Bräuchen, der Natur, und so erfüllte mich der Auftrag, die Nachgeburt aus dem Stall zu schaffen, mit Entsetzen und Grauen, Folge der Loslösung von der Ganzheit meiner Familie.

Ganz anders mit Sechzehn meine zweite Reise nach Rimini, wiederum von der Caritas. Kaum verließen wir Deutschland, war ich von Glanz, Lärm, Sonne und südländischem Temperament gefangen, süchtig nach Reibung und Reiz, ein wunderbares Herauskommen aus einem Milieu, in dem ich mich nun sicher fühlte, den Freundinnen, dem Leben mit Schwester und Mutter. Ich war dabei, erwachsen zu werden, und die Trübheit meiner Kinderzeit hatte mich verlassen, meine Welt war offener und heller. Zwar wurde ich nie ein sorgloses, heiteres Kind, aber doch weniger empfindlich, und kleine Veränderungen hatten stattgefunden. Das Meer, die Spaghetti, die italienischen Männer lösten meine

Erstarrung, ich bewegte mich weiter, nahm auf, streckte meine Arme dem Neuen entgegen und berührte es vorsichtig: Es war nicht mehr unerreichbar, es war zu erlangen, es war warm und lebendig und schön.

Christoph Kolumbus

Haiti, 5.–9. Dezember 1492

Wir blickten nach Südwesten und sahen dort Land und es war eine große Insel von welcher die Indianer dem Admiral schon berichtet hatten und sie nannten sie Bohio und sie war bewohnt.
Wir fanden einen breiten Strand und ein Feld und darauf tausend Bäume und die Bäume waren reichbeladen von Früchten und der Admiral glaubte es wären Gewürze und Nusse aber die Früchte waren noch nicht reif und so konnte er sie nicht erkennen.
Jenseits des Hafens war eine schöne Ebene und in ihrer Mitte floß ein Strom in dieser Landschaft so sagte der Admiral müssen viele Menschen wohnen denn er sah die Boote die sie ruderten.
Und er hörte die Nachtigallen singen und andere Singvögel wie in Kastilien.
Und da waren Landstriche wie sie schöner nicht zu finden waren in der Welt sie waren fast so schön wie die Länder Kastiliens aber Kastilien war doch schöner und deshalb sagte der Admiral ich taufe dieses neuentdeckte Land La Isla Espanola.[9]

V.
Tagebuchschreiben und die Suche nach sich selbst

Wenn wir schreiben, machen wir uns bewußt und ordnen, verbinden das, was wir tun, mit unseren Gedanken. Wir führen sie auf ihre Wurzeln zurück, auf unsere Gefühle, wir erinnern und beobachten uns, hören uns zu, wenn wir denken.

Diese Bewußtheit wächst mit unserem Körper. Als kleines Kind sind wir noch hineingeworfen und erleben Zeiten größter Ausgesetztheit und Verlorenheit, wir haben zu tun mit dem Unsichtbaren, mit Freuden, Bedrohlichem, Dunkelheit, mit Rascheln, Pochen, Stimmen … Es ist qualvoll, mit etwas zu leben, das uns angst macht, weil wir es nicht benennen können, denn wir kennen unseren Platz noch nicht. Wir sind noch zu schwach für eine Einsamkeit, die erst später ihre Form gewinnt, wir sind wie eine zarte Blüte, die sich beim leisesten Lufthauch schmerzlich zusammenzieht.

Erst im Heranwachsen erwerben wir uns allmählich den Ort, an dem wir heimisch sind, und wir suchen ihn verzweifelt wieder, wenn wir Jugendliche sind, weil wir dann unsere Zerfallenheit und Unvollständigkeit am stärksten spüren. Wir beneiden die Erwachsenen mit ihren Sicherheiten und hassen sie für ihre Bindung an einen festen Platz. Etwas in uns widersteht dieser Sicherheit und sucht sie doch, um sie dann niederzumachen, voll Widerspenstigkeit und Trotz.

Seltsamerweise bin ich mir als Halbwüchsige am stärksten im Gedächtnis geblieben: ein schlaksiges Mädchen mit glattem, zum Pferdeschwanz zusammengebundenem Haar, mit Stupsnase und Vorbiß, allzu großen Brüsten und eckigen Hüften – eine zerstreute und verlegene Person, dreist und kläglich zugleich, und immer bemüht, so zu sein wie die anderen. Ich lachte, wenn sie lachten und übte mich im Maulheldentum, doch meine Seele heulte auf, sobald ich allein und schutzlos war. Ich fühlte eine Unmöglichkeit, mich selbst zu finden, und ich sah nur zwei Möglichkeiten: berühmt zu werden oder zu scheitern (Selbstmord). Ich war aggressiv, spöttisch und hämisch und doch so verletzlich, von meiner Sehnsucht, mich auszuleben, wie verrückt, voll Sinnlichkeit.

Meine Zukunft war wie ein Gespenst, bedrohlich und nebelhaft, vermengt mit archaischen Ängsten und unreflektierten Gefahren, ein Strudel.

Wie anders dies entwirren als durch Schreiben?

Ich bin so etwas wie ein Zirkuskind, aufgewachsen mit einem Künstlervater, der, seit ich ihn kannte, nach kurzer Berühmtheit mehr oder weniger zurückgezogen lebte. Er pflegte täglich zu schreiben, und sein Gefühl für die Welt war ungleich schärfer und seine Sicht präziser als meine sentimentale und unreflektierte.

Einem Vater gegenüber, der schreibt, empfindet man vielleicht stärker die Abwesenheit von Erfahrung, den Mangel an Leben. Alles, was ich dachte, schien ihm gegenüber bedeutungslos und kläglich zu sein. Ich verfolgte ihn mit meiner Obsession und belauerte sein Schreiben, voll Eifersucht über meine Ausgeschlossenheit. Je lebhafter er mit seiner kleinen Adler-Schreibmaschine, Kriegsausgabe, grün getarnt, hantierte, desto mehr brodelte in mir die Verlassenheit. Ich vegetierte da unten (er schrieb unterm Dach) nutzlos dahin, während er da oben exzessiv lebte (so verkehrt herum kann man das als junger Mensch sehen).

Wie der Teufel hinter der armen Seele war ich hinter seinem Papierkorb her und glättete die zusammengeknüllten Seiten. Damals schrieb er an etwas, vergleichbar einem Tagebuch, dem Protokoll seines Lebens. Dennoch kein Buch, das mir Aufklärung gab, sondern das verhandelte und offenließ, sein Leben inszenierend. Zwischen Aktion und Infragestellen nichts als Unbewiesenes, das jede Wahrheitsfindung ad absurdum führte, nichts als Unwahrscheinliches und Fragwürdiges, das meinen Kopf sprengte. So kam ich zu Mutmaßungen über meinen Vater und seine Verwandlungen, die mein Leben beherrschten. Sie wurden ein Antrieb für mein Schreiben und meine Phantasien. Schreiben hieß, so meinte ich damals, eine Gestalt zu formen, die ständig der Ähnlichkeit mit sich selbst verlustig ging, deren Eigenart im Nicht-Festlegbaren lag und deren Gesicht aus vielen Gesichtern bestand: eine Metamorphose.

Damals verstand ich noch nicht, warum er an einem Tag schrieb, was er am nächsten verbannte und am übernächsten hervorholte, um es wieder aufzunehmen: auch dies eine ständige Reform, dabei wie klein, wie unbedeutend oft die Veränderung! Er mußte etwas besitzen, das ihn im Lauf seines Lebens unterscheiden ließ, warum hier besser statt »gewaltig« ein »groß«, statt des Kommas besser ein Fragezeichen zu setzen war. Es war klar, daß er damit etwas verfolgte, das einstweilen nur in

Form einer Frage und nicht als Antwort existieren konnte. Ich spitzte die Ohren und starrte wie gebannt auf seinen Papierkorb, weil weggeworfene Worte das Deutlichste waren, das ich über meinen Vater erhielt, das Geheimste und Verborgenste.

Ich belauschte sein Selbst, das auf dem Papier eingefangen war, das billigte und verwarf, das dachte.

Mit meinem Tagebuch war es leichter, ein Verschwörer zu sein. Ich ging mit ihm in den Untergrund und sammelte all die Geheimnisse, die die Welt nicht löste, alles, was ich eigentlich nicht erfahren durfte. Es teilte mein Abseitsstehen, meine Isoliertheit, meine Verborgenheit. All dies war auch irgendwie nach meinem pubertären Geschmack, es war wie eine Beichte und ein Einweihungsritus, ein Zeichen meiner Bereitschaft, mir selbst immer wieder zu sagen, daß ich mich trotz allem noch mochte.

Am besten lernen wir, wie wir mit unserem Ich in Frieden leben können, im Zwiegespräch mit uns selbst: Zwischen meinem Tagebuch vom Jahr 1947 und dem von 1948 liegen Welten. Erst noch ein Memorandum täglicher Speisen und Querelen, wandelte es sich in eine Mischform, bis es sich zu einem Tagebuch bekennerischen Charakters mauserte: ein Wandel, vergleichbar dem vom »Diario« des florentinischen Malers Jacopo da Pontormo, der 1494 geboren wurde und 1556 starb, bis zu Benjamin Constants (1767–1830) »Journaux intimes«. Was für ein merkwürdiger Vorgang, daß man im eigenen Leben eine Entwicklung von Jahrhunderten macht! Jacob Burckhardt hat in seiner *Kulturgeschichte der Renaissance in Italien* diesen historischen Vorgang die »Entwicklung des Individualismus« genannt, wie sie im Griechenland nach Homer, in den Schriften des Propheten Israel und in der Renaissance stattfand.

»Erkenne dich selbst« und »Werde, der du bist«: Sokrates, Platon und Aristoteles sind die Väter der selbsterkennenden und selbstkritischen europäischen Literatur.

Charles Baudelaire

(Paris, undatiert, nach 1860)

Alle Tage der größte der Menschen sein wollen!
Als Kind wollte ich bald Papst, – aber militärischer Papst, – bald Schauspieler sein.
Genüsse, die ich aus diesen beiden Einbildungen schöpfte.
Als Kind schon spürte ich in meinem Herzen zwei sich widerstreitende Empfindungen: Lebensangst und Lebensüberschwang.
Dies entspricht durchaus dem Charakter eines nervösen Faulpelzes.
Die Nationen haben große Männer nur gegen ihren Willen.
Bezüglich der Schauspieler und meiner Kinderträume, ein Kapitel über das, was in der menschlichen Seele die Berufung zum Schauspieler begründet, seine Berühmtheit, sein Leben und seine Stellung in der Gesellschaft.
Über die wahre Größe der Paria.

Es könnte sogar sein, daß die Tugendhaftigkeit den Begabungen des Paria abträglich wäre.[10]

Wir verlassen für eine Weile das unerschöpfliche Archiv, um etwas trinken zu gehen. Über Eva senkt sich wieder diese dumpfe Trauer herab, schwer wie eine Wolke. Stumm sitzt sie vor ihrem Punt-a-mes, ernst und beklommen. Ihre Trauer legt sich auch auf mich.

Wir tragen beide Schwarz, ich fast schon aus Gewohnheit, weil ich Schwarz liebe, sie, weil sie trauert. Sie hat zwei schmale goldene Ringe am Finger und sieht so schön aus wie Truffauts »schwarze Braut«, feierlich und stolz und voll erotischer Kraft. Mich hemmt ihre Bedrücktheit, und um ihr Schweigen zu respektieren, schweige ich auch. Doch gleichzeitig setzen sich meine Gedanken mit den Möglichkeiten eines Gesprächs auseinander. Ich würde so gern eine verständnisvolle und heitere Umgebung für sie schaffen können und ihr helfen, sich zu öffnen. Sie trägt schwer an Fragen und Ängsten, die sie nicht ertragen kann. Sie fröstelt, trotz der Hitze, und zieht die Stola eng um ihre Brust. Was spielt sich gerade in ihr ab? Was quält sie?

Doch so viel ich auch denke und spüre: Sofort legt sich ein Finger auf meine Lippen. Ich fühle mich zunehmend hilflos. Ich kann nicht alles erraten, nicht alles erahnen, und im Augenblick scheint keine Hoffnung zu bestehen, daß wir uns näher kommen.

Andererseits, denke ich, geht sie innerlich an dieser Sprachlosigkeit zugrunde, wenn sie sich nicht davon befreit, wenn ich ihr nicht die Erleichterung, die die Anwesenheit einer Freundin geben kann, gewähre. Ich schäme mich meiner Wort- und Hilflosigkeit. Außerdem: Ist meine Scheu nicht auch Bequemlichkeit? Schließlich habe ich mit dem Denken und Nachdenken über andere nicht erst gestern begonnen. Mit meinen 57 Jahren ist auch meine Zukunft nicht ewig lang, auch ich werde selbst die Bitternis schwerer Verluste immer besser kennenlernen, werde mich ebenso damit abfinden müssen wie mit der Realität, Stück um Stück von mir zu lassen, ehe ich sterbe. Was soll die Scheu, dieser dumme Stolz, die Angst, das Falsche zu sagen?

Das Schweigen zwischen uns ist bedrückend geworden. Noch immer überlege ich, was wohl zu sagen das richtige ist. Wie aber kann man bei einem solchen Verlust helfen? Zwischen uns und den fröhlichen Tischen nebenan, dem Stimmengewirr und Gelächter liegt die Trauer wie ein schwerer Vorhang. Ein kleiner Junge imitiert unter Gelächter den italienischen Talkmaster Pippo Baudo.

Sein Lachen verhilft mir zu einer Geste, einem Satz. Ich lege meine Hand auf die ihre und sage: »Eva, ich bin da. Du mußt wissen, daß mich das hilflos macht, ernst und befangen. Ich fühle mich gezwungen, eine Rolle zu spielen, die mir nicht entspricht, und nach Wörtern zu suchen, die ich nicht habe. Sicher meine Schwierigkeit, mich so gelähmt zu fühlen, ich weiß. Aber irgendwie macht mich das auch schief, und ich fühle mich verstrickt in Konventionen, kann nicht aussprechen, was mich bewegt. Denn wie bei allen Menschen, die im Augenblick keinen akuten Anlaß zur Trauer haben, tauchen in mir dumme und alberne Gedanken auf, sentimentale, deplazierte, das auch. Ich muß mich verstellen. Gestern nacht habe ich in mein Tagebuch geschrieben, daß dies für mich ein ungewohnter Konflikt ist.«

Eva sieht mich an, zum ersten Mal an diesem Tag mit Interesse und Offenheit. Habe ich den Schutzwall durchbrochen, den sie um sich aufgerichtet hat?

Ich dehne und recke mich, fast erleichtert, als hätte ich mich die ganze Zeit verkrampft. »Was du fühlst, ist nicht falsch«, sagt Eva, »denn ich beneide dich. Um deine Nächte voll Schlaf, deine Unbelastetheit, deine Liebesbriefe ... um deine Liebe beneide ich dich, um deine Zwiegespräche. Jedes Telefonat gibt mir einen schmerzlichen Schlag: Du hast jemanden, der dich liebt. Das bringt mir meine Einsamkeit in Erinnerung. Du hast einen Mann, du hast ein Kind, hast deine Arbeit, die dich ausfüllt, ich habe nichts.«

»Aber Eva!« Ich bin fassungslos. Mehr über die ungewohnte Aggressivität und Bitternis, die in ihrer Stimme liegen, als über diese Worte, deren Sinn ich schon ahnte. In wenigen Minuten fühle ich, wie mir etwas entgleitet, der Glaube an eine aufrichtige Freundschaft zwischen uns beiden. War sie etwa nie da, war sie geheuchelt? Nur Trennendes sehe ich in diesem Augenblick, keine Gemeinsamkeit.

»Eva«, meine Stimme zittert. Sie hat mich von all dem abgebracht, was ich noch sagen wollte, und verweist mich ganz auf mich.

»Ich habe zwei gescheiterte Ehen hinter mir, mein Sohn geht eigene Wege und ist nicht immer einfach zu nehmen. Ich habe das Glück einer späten Liebe, ja ...« Es kostet mich Kraft, weiterzusprechen. »Und doch ist es so, daß ich mir immer der wenigen Zeit, die uns zusammen bleibt, bewußt bin. Du hast dreißig Jahre lang Zeit gehabt, ein gemeinsames Leben mit einem Mann zu führen. Eine Liebe, die ihr natürliches Ende gefunden hat, ein Abschied, bewußt vollzogen, kein abgebrochenes Gespräch. Kein schmerzliches und plötzliches Verlassenwerden, wie es mir in meiner Ehe damals geschehen ist. Verstehst du?«

Meine Anrede kommt zur rechten Zeit, denn ich habe gesehen, wie sich ihr Blick von neuem entzieht. Sie nickt leicht, jedoch mit einem fremden und leidenden Gesicht.

»Wie auch immer«, beharrt sie, »ich bin allein.«

»Ich habe dich immer um diese Art der Gemeinsamkeit beneidet«, fahre ich fort, »und ich beneide dich selbst um das Ende. Ein einfaches Ende, Eva, und so liebevoll dazu. Dein Mann hat dir alles geordnet hinterlassen und dir Briefe zwischen die Dokumente gesteckt, einen wunderbaren Abschiedsbrief geschrieben – der schönste Abschluß eines gemeinsamen Lebens. Hat sich selbst Gedanken darüber gemacht, daß du dich frei fühlen sollst, nach ihm einen anderen Mann zu lieben. Es ist doch wunderbar, Eva, und das weißt du genau.«

»Du hast mehr Mut«, sagt sie fast böse, »du hast es fertiggebracht, ein neues Leben zu beginnen. Es geht über meine Kräfte, nochmals neu anzufangen, ich schaffe es nicht.«

»Trotzdem, Eva, es war, es ist schwer! Wenn mich mitunter dieser Tätigkeitsdrang überfällt, der dich stört, dieses absurde Putzen und diese wildwütige Gärtnerarbeit – mein neues Leben ist noch nicht alt, Eva, und ich muß mich fragen, ob ich dem immer gewachsen bin. Ob ich nicht Reste meines alten Ichs herumschleppe, die es den anderen schwermachen. Ich bin unsicher, muß noch lernen, jeden Tag. Versteh mich, im Grunde ist es doch ein anderes Leben. Ich habe einen Mann, den ich liebe, doch ich muß auch leben können ohne ihn, mehr als das: Ich muß jetzt versuchen, so zu leben, daß mein Leben nie völlig von unserer Liebe abhängt.«

Sie sieht verstockt aus und verschließt sich jedem Verständnis.

»Trotzdem«, beharrt sie, »du bist ein ganz anderer Mensch. Du bist es gewohnt, dich zu verändern, neu aufzubauen. Anfänge gehen über meine Kräfte, ich habe sie nie gern gehabt.«

»Aber Eva«, sage ich, »erinnerst du dich an mich vor drei Jahren? Ich war ein heulendes Bündel, voll Angst.«

»Trotzdem. Ich fühle mich nutzlos und alt, und ich weiß, man sieht mir das an. Ich war nie unabhängig, und dazu bin ich noch viel verletzlicher geworden als früher. Ich werde nie mehr mit einem Mann zusammenwohnen, nie wieder lieben, das weiß ich genau. Ich habe nur Angst vor diesem neuen Leben. Angst vor den einsamen Abenden, den einsamen Nächten. Angst vor dem einsamen Alter, einsamen Urlaubsfahrten, den Tagen ohne ein wirkliches Gespräch. Ich habe Angst davor, allein zu arbeiten. Er war da, was immer ich tat. Wir haben stundenlang nebeneinander gearbeitet, er und ich, ohne ein Wort miteinander zu sprechen – zusammen, und doch ohne uns zu stören …«

Ich nicke, seit vier Jahren kenne ich auch dies, dieses freundschaftliche Zusammensein, nur unterbrochen von einem Blick, einer gereichten Tasse Tee, einem Lächeln.

»Ich weiß«, sage ich, »es ist schwer zu schreiben, wenn

man alleine ist.« Eva arbeitet als Dramaturgin am Theater, bearbeitet Bühnenstücke und schreibt sie um.

Ich fühle mich abgespannt und zerschlagen. Ich bin nahe daran, mich wieder zurückzuziehen und in meine Gedanken zu fliehen. Doch mein Wunsch, dieses Gespräch lindernd zu beenden, ist größer als meine Erschöpfung.

»Versteh mich doch«, sage ich. »Ich habe keine feste Arbeit, kein gesichertes Geld, ich weiß nicht einmal, ob ich das nächste Buch auch schaffe. Deshalb suchte ich lange Zeit im Persönlichen und Privaten meine Sicherheit, doch da habe ich sie nicht gefunden. Ich möchte sie nie mehr dorthin verlegen – diese kleine Einsicht ist das einzige, das mir gesichert scheint. Ich habe jahrzehntelang jede Regung, ob Heiterkeit oder Traurigkeit, immer aus meinen Lieben bezogen: Damit ist es vorbei. Das gibt es zwar auch, doch ist es nicht mehr der einzige Grund. Ich suche etwas, das unabhängig von diesen Reflexen ist, wenn du verstehst, was ich meine.«

Ihr Gesicht ist wieder verschlossen, und es kommt mir jetzt nicht in den Sinn, daß sie leidet, so sehr fühle ich mich abgewiesen.

»Du hast das Alleinsein immer wieder geübt«, sagt sie abschließend, fast hart, »und ich werde es nicht mehr lernen. Er ist tot. Ich habe niemanden mehr.«

Für einen Augenblick fühle ich mich mutlos und gerügt, sie hat diese Worte in einem fast beleidigenden Ton gesagt. Ich bin empört über ihre Zurückweisung, die ich als herzlos empfinde. Ich fühle mich wertlos und nicht existent.

Oder ist es nur meine Eitelkeit, der Freundin unbedingt helfen zu wollen und Trost zu geben, mein

Wunsch nach Macht? Darüber sollte ich mir in meinem Tagebuch Gedanken machen. Vielleicht brauche ich andere und intensivere Wahrnehmungen für andere, die leiden. Vielleicht muß ich lernen, eine neue Art des Mitgefühls zu entwickeln?

Eva geht ein wenig spazieren, ich bleibe sitzen und ziehe mein Tagebuch zur Gewissensprüfung hervor. Dem widme ich mich intensiv für eine Stunde, dann halte ich nach meiner Freundin Ausschau, doch vielleicht möchte sie lieber allein sein. So ausführlich mit Tagebüchern rundum konfrontiert, mit Personen, die, am Tisch nebenan, teils von weit her gereist, von nichts anderem sprechen, denke ich an Heraklits Wort, der Charakter sei das Schicksal des Menschen. Schon Diotima in Platons »Gastmahl« wußte, daß der Mensch sich entwickelt und daß Selbsterkenntnis ohne Selbstüberwindung undenkbar ist. Marc Aurels Selbstbetrachtungen fallen mir ein, eine Vorstufe zu Selbstgesprächen über sich und die Welt, noch weit entfernt von unserer modernen Selbstüberschätzung und subjektiven Überheblichkeit. Die Welt rings um sich betrachtend, ist er mehr von der menschlichen Natur an sich fasziniert als von seinem eigenen Ich. Seine Weltsicht erprobt sich an der Eigenart der menschlichen Seele: »Sie sieht sich selbst, zergliedert sich selbst, formt sich selbst, wie sie will; die Frucht, die sie trägt, erntet sie selbst ... Außerdem umwandelt sie die ganze Welt und das Leere um diese herum und dehnt sich aus in die Unendlichkeit der Ewigkeit und umfaßt und umdenkt die periodische

Wiedergeburt des Alls ...«[11] Er entfernt sich von der archaischen Grundstruktur des Menschen, die noch dem Magischen verhaftet ist, und tastet sich vor zum mentalen Menschen, dem Menschen des individuellen Geistes. »Alexander und Caesar und Pompejus, was sind sie gegen Diogenes, Heraklit und Sokrates? Denn die einen durchschauen die Dinge und die Ursachen und die Stoffe, und ihr Leitvermögen war selbstgenügsam. Dort aber Vermutung über was für Dinge und Versklavung an wie viele Dinge!«[12]

Klingt das nicht, trotz eines recht klaren Selbstentwurfes, der auf die Beherrschung des Ichs aus ist, äußerst modern? Und doch ist es eine Gegenbewegung. Denn wir leben in einer Zeit, in der wir die Unpersönlichkeit und Fremdheit unserer Umgebung mit intensiver Selbstschau wettzumachen suchen. Marc Aurel hingegen, Kind einer noch bergenden Welt, übte die Einordnung und Eingrenzung: Hilfe für den Nächsten, so lautete seine Moral.

Senecas »Moralische Briefe«, in den Jahren von 62 bis 65 geschrieben, wurden auch von Rousseau ausführlich gelesen und haben als Vorbild zur Selbsterziehung jahrhundertelang die Menschen beeinflußt. Von ihm stammt der vielzitierte Satz: »Du selbst zieh dich, so gründlich du kannst, vor Gericht, leite eine Untersuchung gegen dich ein; zuerst übernimm die Rolle des Anklägers, dann des Richters, endlich zuletzt die des Fürsprechers.«[13] »Urteile über dich selbst bei dir günstig, und du wirst dich gewöhnen, die Wahrheit sowohl zu sagen, als zu hören.«[14]

Von Marc Aurel weist eine direkte Linie hin zu den biographischen und moralischen Schriften Petrarcas, der das neue Modell der »Lebens-Problematik« schuf. Bei ihm, einem weiteren Ahnherrn unserer modernen Tagebuchbetrachtung, kreisen die Gedanken bereits um den einzelnen und seine Autonomie, um individuelle Selbsterziehung. *Secretum* heißt seine Schrift, in der er Augustinus »de segreto conflictu curarum mearum« gesteht, sie ist im Jahre 1342 entstanden.

Immer mehr sucht der Mensch der Zeit unmittelbar nach Christi Geburt den Kreis, in dem er zuvor so arglos lebte, zu sprengen. Persönliche Lebensbeschreibungen in Form von tagebuchartigen Aufzeichnungen werden zu Bildungs- und Bekehrungsdokumenten, zu Heiligen- und Märtyrergeschichten, wie schließlich die *Confessiones* des Augustinus, die er im Jahre 397 niedergeschrieben hat. Eine literarische Beichte und Gewissensforschung, aus einer neuen Zwischenposition heraus geübt, die sich in einer Abwendung von der Vergangenheit und Zuwendung zu Zukünftigem ausdrückt. Die geistige Erfahrung der Reue über das eigene Versagen mündet im Wunsch, mit dem Göttlichen eins, ihm ähnlich zu sein.

Augustinus ist nicht mehr allein bei seiner Suche, da ist immer auch Gott, der in seinem Herzen liest. Er ist im ständigen Austausch mit etwas, das über ihn hinausreicht und seinem Schreiben eine erweiterte Dimension gibt.

Welche Lebenskraft gerade in Italien dieser literarische Typus besitzt, läßt sich an der Vielfalt der italienischen Tagebücher der Renaissance ablesen, die die römische Antike wiederbeleben und aus ihr ein neues Lebensgefühl herleiten. Alle, ob Stadtschreiber, Nachrichtenschreiber, Advokaten, Dolmetscher, Beamte oder Hofschranzen, fangen an, ihr kleines privates Ich im Literarischen zu versuchen und ihr intimes Verhältnis zu den Verursachern politischer Ereignisse, den Königen und Kaisern, darzulegen und uns ihr politisches Wissen und ihre Bildung zu vermitteln: das beobachtende Ich im Schatten großer Geschichte. Oft ist der Kommentator prosaisch-knapp und dient reiner Zeugenschaft, dann wieder ist das Anekdotische vorherrschend, manchmal so sehr, daß es gar den Gegenstand aus den Augen verliert. So erhöht sich der Reiz der Geschichte, erhält Farbe und Leben, und ihre Personen interessieren uns mehr, als wir uns je gedacht hätten.

Geschichte für den Mann von der Straße, der durch das Fenster hineinlugen kann: Weltgeschichte aus der Perspektive der kleinen Nebenfigur, geschrieben für kleine Nebenfiguren. Der Normalbürger nimmt sich das Recht auf seine ganz persönliche Sicht.

Diesen Notizen und kleinen Gemälden verdanken wir den augenzwinkernden Blick auf kaiserliche Pantoffeln und maßlose Mätressen wie auf das päpstliche Klo. Es ist wohltuend, von unten her die da oben zu betrachten, in ihrem Pomp und ihrem Ornat, die schon fast keine Menschen mehr zu sein scheinen. Der eifrige Chronist holt sie von ihrem Thron herunter und präsentiert sie uns in handlicher Form.

Tagebücher als Vorform von Klatschkolumnen. Darüberreden als soziale Kontrolle – und als Möglichkeit, sich mit dem Opfer zu identifizieren. Der Blick hinter die Kulissen wird nicht erst seit dem Aufkommen des Sensationsjournalismus geübt.

Dennoch werden mit diesem Hofklatsch auch die Bedürfnisse des Menschen befriedigt. Er gibt den Lesern das beruhigende Gefühl, ihren Neid und ihre Aggressionen abzuführen, und verspricht Unterhaltung. Zuletzt stellen wir erleichtert fest, was Erich Kästner so anmutig formulierte: »Auch die schönste Frau muß mal aufs Klosett.«

VI.
Ich-Dialog im Versteck

Eva betritt die Bar, mit ernsten, schönen Zügen, eine rotgelbe Rose in der Hand, die sie mir mit einem Lächeln reicht – eine Geste ohne Worte, und ich lächle zurück.

Dennoch hatte ich nicht verhindern können, daß ich, kaum hatte ich sie erblickt, zusammenzuckte, mein Tagebuch schloß und es in die Tasche gleiten ließ, wie ertappt. Dieses kleine, szenische Spiel, diese gewohnheitsmäßige, ruckartige Bewegung ist ihr nicht entgangen, und sie weiß, das sehe ich an ihrem Blick, weshalb ich das tat.

Ich streiche mein Haar zurück, drehe die Kappe meiner schwarzen Füllfeder zu, gebe ein kleines Stückchen meines Selbst preis und sage beiläufig: »Ich habe Tagebuch geschrieben.«

Ihre Augen verkleinern sich, eine unmerkliche Bewegung, und ihr Gesicht wird wieder das melancholische Gesicht einer Frau, die etwas sucht, das sie verloren hat. »Ich wollte dich nicht stören«, sagt sie fast ein wenig pikiert, von meiner kleinen kriminalistischen Dramatik verstört.

»Ach, ich finde genügend freie Zeit, zu schreiben«, sage ich. Doch an dem Ton, mit dem sie gesprochen hat, merke ich, daß es nun vielleicht sie ist, die sich gestört fühlt: Es hat etwas Ausschließendes, wenn wir uns im

Tagebuch verbergen. Und da sie gerade ohnedies in einer Atmosphäre der Dunkelheit lebt, ohne Ziel, ist sie leichter als andere zu verletzen.

»Ich hatte nichts geschrieben, das du nicht wissen kannst«, sage ich, »trotzdem bin ich fast zwanghaft dahinter her, meine Notizen zu verbergen – seltsam, nicht wahr?«

Als Kind habe ich diese gefährlichen Selbstentblößungen auf abenteuerlichste Weise versteckt. Ich entzog sie auf die phantasievollste Weise den arglistigen Blicken meiner vermeintlichen Spitzel-Familie und schleppte mein Privatissimum vom Kopfkissenversteck hin zum Ofenrohr, wo ich es geschwärzt hervorzog. Nicht nur war die kleine Klinke mit dem besser sichtbaren Blondhaar meiner Schwester listig umwunden, Papierknäuel und wohldrapierte alte Jausenbrotpakete, denen eine vertrackte Ablenkungsfunktion zukam (würden sie entdeckt, hätte die Mutter nichts Eiligeres zu tun, als sofort diese Trophäen anklagend vor mir aufzubauen und mich somit zu warnen), bildeten einen Schutzwall in den geheimen Wölbungen des geschwärzten Raumes mit seinen Gängen und Schluchten und Öffnungen. Das Buch war umwickelt von Zeitungspapier und wohl verschlossen, der Schlüssel gut versteckt – Geheimschriften, beschwörerische Litaneien und Schriftsignale, die wiederkäuerhaften Fehlerhaftigkeiten meines Ichs bezeichnend, zierten das Werk, um nie in die Seele jener einzugehen, die es doch nie verstehen würden. Auf daß eines Tages das Eisenportal sich öffnen und aus der uralten Ofenasche ein anderer, neuer Mensch phönixgleich ans Licht des Tages schweben würde. Die Tür nach oben zum Himmel aber war das

Ofenrohr, durch welches mein eingeschlossenes Ich mit den Göttern Verbindung hatte.

Vom Ofenrohr schleppte ich es zum Dachboden, wo es sich unter Lumpen mit meinem verunstalteten Ich verbarg, als wäre ich ein Verbrecher oder Mörder, verfolgt von der Polizei. Ich verschloß es mit einem Bindfaden, zum Seemannsknoten geknüpft, und legte ein Haar zwischen die Seiten, an denen ich schrieb. Je näher ich mir selbst kam, desto besessener war ich, mich zu tarnen und meine Spuren zu verwischen.

»Wirklich sonderbar«, sage ich. »Da bemüht man sich um Wahrheit und Aufrichtigkeit und ein unverstelltes Gesicht – und doch tut man unwillkürlich alles, um es vor den anderen zu verstecken.«

»Schreiben in der Unterwelt«, sagt Eva mit einem Blick auf meine gebeulte Tasche in meinem Schoß. »Angst vor Gerede, Angst vor Indiskretion, Angst vor Entweihung.«

»Auch bei der Beichte sehen wir den Beichtvater nur durch ein Geflecht.«

»Mein Vater hat sein Tagebuch vor meiner Mutter immer verborgen«, sagt Eva. »Kein Wunder, denn er hatte viele Freundinnen.«

Um die Zeit, als ich sechzehn Jahre alt war, hielt ich im Tagebuch meine erotischen Wünsche und Vorstellungen fest. Dieses Unaussprechliche erforderte noch absurdere Verliese, und ich nähte mein Tagebuch gar unter das Mantelfutter ein. Als ich eine gewisse Erlösung in Gestalt meiner ersten Liebe erfuhr, setzten sich diese Konfessionen aus Zeitnot und Glück spärlicher fort, und sie schwollen erst wieder an und uferten aus, als es damit zu Ende war. Eine teils köstliche, teils schmerzliche Destillierarbeit, die eins deutlich macht: daß schriftstellerische Arbeit sich mehr aus der Nichterfüllung denn aus der Erfüllung rekrutiert.

Wir haben erlebt, und wir schweigen. Wir schweigen, weil wir es erlebt haben. Wir haben nicht erlebt, und wir reden, malen, schmücken aus. Es wäre ja noch schöner, wenn wir unsere Sehnsüchte aufschrieben und plötzlich einer käme und sagte: Hier bin ich, ich bin's! Her mit dir! Nein, nein, zum Tagebuchschreiben brauchen wir auch das schmerzliche Bewußtsein, daß man uns vorenthält, was uns gebührt, dann formulieren wir wortreich unsere Sehnsüchte und unseren Protest.

Bücher können wir teilen, Tagebücher nicht. Mit einem geliebten Menschen werden wir gern über unsere Lektüre sprechen und ihm daraus vorlesen, doch über unsere Tagebücher reden wir nie. Das könnte uns auseinanderreißen, könnte Zwietracht säen, könnte das vergessen lassen, was wir dem Geliebten gegenüber sein wollen, unser besseres Ich. Gerade darin besteht ja die Kraft unseres Tagebuches, daß wir dort unseren inneren Schweinehund herauslassen können. Aber muß ihn deshalb auch der Geliebte (jetzt schon) kennen? Das kommt mit den Jahren ohnedies …

Für den Jugendlichen ist Tagebuchschreiben, ebenso wie heimliches Lesen, ein in jeder Hinsicht subversiver Akt, eine Form von Widerstand gegen elterliche Gewalt, die sich anmaßt, zu untersagen. »Du bist immer noch wach?«, der abendliche Kontrollgang der Mutter. »Sofort wird das Licht ausgemacht!« Schließlich noch viel aufregender und herrlich gefahrvoll, das Tagebuchschreiben mit Taschenlampe unter der heiß gewordenen Bettdecke, ab und zu den Kopf hinausreckend an die kühlere Luft und lauschend, ob ein neuerlicher Kontrollgang droht.

Wir spüren uns selbst, riechen uns, hören unseren Atem. Eine Stille, nur von Eigengeräuschen erfüllt und dem Geraschel des Papiers, dem feinen Schaben der Feder. Als ob wir allein auf einer Wiese wären, bei leichtem Wind zwischen den Gräsern und ab und zu ein Käfer. Wir atmen hörbarer in dieser Eigenhitze, dem brütenden Dunst, der Anspannung geistiger Kräfte, wir saugen die feuchte dicke Luft ein, stoßen sie wieder aus und kosten unseren Geruch. Dieser Eifer, uns selbst unter der Decke zu entdecken, diese Wonnen der Heimlichkeit, dieser verstohlene Umgang mit uns selbst! Es liegt ein erotischer Reiz in diesem frühen verbotenen Tagebuchschreiben, und oft landet das Buch, wenn wir mit dem Schreiben und Wünschen ermatten, zwischen unseren Beinen, und unsere niedergehaltenen Sehnsüchte lösen sich auf, die Träume von Tänzen mit Spitzen und Volants, von befrackten Männerbrüsten und starken, uns führenden Händen münden in irdischer, mit den arbeitenden Fingern sich selbst verschaffter Lust.

Im Tagebuchschreiben unter dem Bett erfinden wir uns die Welt, das noch nicht Vorhandene und das Unmögliche unseres Selbst, wir stoßen in den Urgrund unserer Existenz vor. Das leichte Beben, die Wiederkehr von Zusammenziehung und Ausdehnung, schaukelt uns in den Schlaf. Ein Zustand der Gnade, den wir wiederfinden, später mit einem geliebten Menschen, mit dem wir das tun können: gemeinsames Lesen im Bett, bis der Fluß der Worte übergeht in abgerissene Silben, tiefer werdenden Atem, Saugen und Seufzen, heiße Hände unter der Bettdecke, die suchen, die Wonnen warmer Körperlichkeit.

Die Welt strömt wieder in uns, denn da ist ein Atem, der sich uns gibt, etwas wird miteinander verschlungen und schenkt uns neues Leben ... Dieses Gleichgewicht ist es, das wir ersehnen, wenn wir uns noch im geschlossenen Kreislauf unseres Selbst bewegen, voll Sehnsucht nach einer Hand, die uns hilft, aus ihm herauszugelangen, um uns anzubinden an die Welt da draußen. Schreiben noch voll Schmerzen und Grenzen, auf der Suche nach einem freien und schöpferischen anderen Atem, um den Sauerstoff zu tauschen.

Wir schreiben noch halb in der Wiege, halb schon ausgesetzt. Um uns noch dieses Kuhstallartige, Warme, dieser Geruch nach Milch, und schon spüren wir genau, was uns fehlt. Wir sind durchlässig, dünnhäutig, doch dahinter gibt es bereits eine scharfe Grenze, einen strengeren Geruch: Wir sind auf dem Weg zur Verwandlung.

Es ist unser tiefstes Geheimnis, unser Tagebuch, und trägt unser Allerintimstes, unser problematisches Ich, etwas, das nur uns selbst vertraut sein darf. Es enthält unsere Schmerzen und Träume, unsere schlimmsten Qualen, den Eintrittspreis in eine fremde Welt. Dafür erwachen wir zum Schreiben. Wir stellen uns Fragen, wir klagen und erzählen uns Episoden und Geschichten; wie Kinder, die sich im Dunkel fürchten, singen wir uns ein Lied. Unsere Ängste und Probleme machen uns kreativ. Unter der Bettdecke erschreiben wir uns die Welt.

Diese Bettdecke wollen wir uns auch später, wenn wir erwachsen sind, erhalten, dieses verborgene Schreiben wie in einem Grab. Wir wollen allein bleiben in diesem dunklen schwarzen Schoß, als wären wir nie geboren.

Deshalb gibt es nichts, was uns mehr verschrecken und verletzen kann, als ein anderer, der heimlich in unser sakrosanktes Innerstes schlüpft, der unsere Vertrautheit durch Mißtrauen bricht. Eine Mutter, eine Geliebte, die verstohlen unser Tagebuch aufschlägt und liest. Dieser unverzeihliche Einbruch betrifft uns selbst, und der Eindringling wird mit unserem Rückzug bezahlen.

Denn mein Tagebuch, das bin ich (mitsamt all den Vorstellungen, eine andere zu sein).

Als Kind saß ich viel allein in meinem Zimmer und weinte, oft ohne die Augen zu öffnen, weinte so vor mich hin. Alles sammelte sich unter meinen Lidern, die künftige Trauer, die kommenden Verluste.

Ich war eine richtige Heulsuse, bis ins siebzehnte Lebensjahr hinein, von klein auf, und niemand hat sich viel Gedanken darüber gemacht. Ich weinte am Morgen, ich weinte beim Mittagessen und sank abends weinend in den Schlaf – von etwas bedroht, das von außen her kam, das meine Augen trübte und später die Zeilen in meinem Tagebuch verwischte. Außerordentlich schmerzvoll war meine Kindheit, erfüllt mit vielen Ängsten. Wer behauptet, daß sie unsere schönste und sorgloseste Zeit sei, weiß nichts.

Wenn ich in meinen alten Tagebüchern lese, sehe ich: Ich hatte Angst vor der Realität und Angst vor dem Tod.

Angst vor den Sünden meiner Seele (damals war ich sehr religiös) und Angst vor meiner Körperlichkeit. Angst vor dem Blindsein (die Großmutter väterlicherseits war erblindet) und Angst zu sehen. Angst vor den anderen, Angst vor mir selbst. Angst vor dem Tag und Angst davor, ob ich seine Proben bestand, und Angst vor der nächtlichen Ewigkeit. Ganze Seiten füllte ich mit dem Zeichen der Unendlichkeit, als ich es lernte. Ich übte mir ein, sie zu denken, doch ich erreichte damit nur Kopfschmerz und Schwindel.

Mit zwölf Jahren fand ich eine außerordentliche Gefährtin: Anne Frank. Mein Vater hatte mir ihr Tagebuch, das sie von 1942 bis 1944 geführt hatte, geschenkt: Briefe, gerichtet an sich selbst, die sie mit »liebe Kitty« anredete. Anne Frank hatte beschlossen, nach Kriegsende ein Buch zu veröffentlichen, dem dieses Tagebuch als Grundlage dienen sollte.

Ein Tagebuch, geschrieben im Alter von dreizehn bis fünfzehn Jahren. Ein Buch, das mir gewaltsam die Augen öffnete über den Mord an den Juden und unsere Schuld – über das, wo meine Vorstellungskraft versagte oder sich verweigerte. Anne Frank war für mich etwas Besonderes, ein Ausnahmegeschöpf, eine Gesprächspartnerin und Freundin, die mir bittere Wahrheiten über uns selbst sagte. Ich war voll Liebe zu ihr, und das unsichtbare Band zwischen ihr und mir hat bis heute gehalten. Ihr Schmerz, ihre Angst, ihre Alpträume, ihre verzweifelte Suche nach Rettung und die ständig drohende Gefahr gingen mir durch und durch. Ich haßte den SS-Oberscharführer Silberbauer, der sie mit seinen holländischen Helfern abgeholt hatte, haßte ihre Verräter und begleitete sie auf ihrem bitteren Weg ins Durchgangslager Westerbork; man deportierte sie nach Auschwitz und schließlich nach Bergen-Belsen, wo sie 1945 starb.

Ich hatte mit ihr gelebt und mit ihr über den Tod ihres Füllhalters geweint, ihren kostbarsten Besitz, der »ein sehr langes und interessantes Füllerleben geführt hatte«, als Aufzeichner ihres Tagebuchs. Sie hatte ihn mit neun Jahren von ihrer Großmutter geschenkt bekommen, in einem roten Lederetui, und ihn gleich ihren Freundinnen gezeigt: »Ich, Anne Frank, die stolze Besitzerin eines Füllhalters!« (Ich selbst hatte damals noch keinen.) In der Schule durfte sie zunächst nicht damit schreiben, es waren nur Schulfedern und Tintenfaß oder Bleistifte erlaubt. Mit Dreizehn schließlich mußte dieser Füller mit in ihr Versteck im Hinterhaus und begleitete sie durch ihre Tagebücher und Hefte. Bis sie ihn eines Tages nicht mehr fand. Sie hatte ihn wohl beim »Bohnen reiben« – verschimmelte braune Bohnen mußten gesäubert werden, um sie essen zu können – zusammen mit den Abfällen im Ofen verbrannt. Am nächsten Morgen fand der Vater den Clip in der Asche.

»Ein Trost ist mir geblieben, wenn auch ein magerer«, schreibt Anne Frank. »Mein Füllhalter ist eingeäschert worden, genau, was ich später auch will.«

Anne Frank

»Denn im tiefsten Grund ist die Jugend einsamer als das Alter.« Diesen Spruch habe ich aus einem Buch behalten und gefunden, daß er stimmt.

Ist es denn wahr, daß die Erwachsenen es hier schwerer haben als die Jugend? Nein, bestimmt nicht. Ältere Menschen haben eine Meinung über alles und schwanken nicht mehr, was sie tun sollen oder nicht. Wir, die Jüngeren, haben doppelt Mühe, unsere Meinungen in einer Zeit zu behaupten, in der aller Idealismus zerstört und kaputtgemacht wird, in der sich die Menschen von ihrer häßlichsten Seite zeigen, in der an Wahrheit, Recht und Gott gezweifelt wird.
Jemand, der dann noch behauptet, daß die Älteren es hier im Hinterhaus viel schwerer haben, macht sich nicht klar, in wieviel stärkerem Maß die Probleme auf uns einstürmen. Probleme, für die wir vielleicht noch viel zu jung sind, die sich uns aber so lange aufdrängen, bis wir endlich eine Lösung gefunden zu haben meinen, eine Lösung, die meistens den Tatsachen nicht standhält und wieder zunichte gemacht wird. Das ist das Schwierigste in dieser Zeit: Ideale, Träume, schöne Erwartungen kommen nicht auf, oder sie werden von der grauenhaftesten Wirklichkeit getroffen und vollständig zerstört. Es ist ein Wunder, daß ich nicht alle Erwartungen aufgegeben habe, denn sie scheinen absurd und unausführbar. Trotzdem halte ich an ihnen fest, trotz allem, weil ich noch immer an das innere Gute im Menschen glaube.
Es ist mir nun mal unmöglich, alles auf der Basis von Tod, Elend und Verwirrung aufzubauen. Ich sehe, wie die Welt langsam immer mehr in eine Wüste verwandelt wird, ich höre den anrollenden Donner immer lauter, der auch uns töten wird, ich fühle das Leid von Millionen Menschen mit. Und doch, wenn ich zum Himmel schaue, denke ich, daß sich alles wieder zum Guten

wenden wird, daß auch diese Härte aufhören wird, daß wieder Ruhe und Frieden in die Weltordnung kommen werden. Inzwischen muß ich meine Vorstellungen hochhalten, in den Zeiten, die kommen, sind sie vielleicht doch noch auszuführen!

Deine Anne M. Frank[15]

Anne Franks Tagebuch ist ein Sieg der Gedanken über die Gewalt dieser Welt, ein Sieg des bewußten, reflektierenden Menschen, der sich weder über sich noch über die Menschen insgesamt Illusionen macht. So jung sie war, besaß sie doch einen erstaunlich wachen Blick.

Sie mußte sich verstecken, und doch hat sie alles gesehen. Sie hat mir geholfen, aus meiner Versunkenheit aufzuwachen.

Die ungewöhnliche Geschichte der Aufzeichnungen Anne Franks hat an ihrem 13. Geburtstag 1942 begonnen, als ihr die Eltern das Tagebuch schenkten. Vier Wochen später zog die Familie mit jüdischen Freunden in einen Anbau hinter ihrem Haus in der Amsterdamer Altstadt, weil sie Angst vor der Deportation durch die deutschen Besatzer hatten. Hier schrieb Anne zwei Jahre lang die Briefe an ihre erfundene Freundin Kitty, der sie ihre Ängste und Erlebnisse mitteilte. Sie erzählt ihr vom Krieg, von Zwisten mit den Mitbewohnern, ihren alltäglichen Problemen und Hoffnungen für die Zukunft. Erst beschreibt sie dieses Tagebuch, später Hefte und lose Blätter. Im Rundfunk hatte sie von der Aufforderung der niederländischen Exilregierung gehört, Kriegsdokumente aufzubewahren, damit sie in Friedenszeiten von anderen gelesen werden könnten. Deshalb war ihr wohl ihre erste Fassung zu kindlich vorgekommen, und sie überarbeitete den Text, der später dann vor der Veröffentlichung nochmals redigiert wurde. 1988 erschien eine durch Otto H. Frank und Mirjam Pressler überarbeitete Fassung, die auf der von holländischen Wissenschaftlern vom Nationalen Institut für Kriegsdokumentation zusammengestellten Version beruht.[16] Es sollte zudem den vorgebrachten Verdacht widerlegen, das Tagebuch sei eine Fälschung – vielleicht ein Versuch pro-nazistischer und rechtsextremistischer Schriftsteller, so den Mitherausgeber David Barnouw, eine Symbolfigur für die Leiden jüdischer Opfer, zu diskreditieren.

Anne Frank gelang nicht nur das Wunder, inmitten einer verstörten und verstörenden Welt sich ihre Seelenkraft und ihre Menschlichkeit, ihre Selbstkritik und selbst ihr Lachen zu bewahren – sie hat auch, trotz dieser entsetzlichen Lebens- und Todesangst, ein Tagebuch voll persönlicher Wahrheit hinterlassen und dem Zugriff ihrer Schergen abgetrotzt.

Ein Tagebuch, dessen Echtheit lange Zeit angezweifelt worden ist. Man wollte nicht glauben, daß ein zwölf- bis vierzehnjähriges Mädchen, das schon die Schmerzen der Menschheit zu tragen hatte, reifer sein konnte als die sogenannten Erwachsenen. Dabei waren es doch gerade jene, die ein Menschenleben auf vierzehn Jahre zusammendrängten: eine im Grauen geronnene Intensität.

Kaum ein Tagebuch läßt eine solche Kraft und

Menschlichkeit spüren und hat mich so tief erschüttert wie dieses, das inzwischen zur unerläßlichen Pflichtlektüre in den Schulen der ganzen Welt geworden ist. Anne Franks Trauer und Angst waren größer als ihr Haß. Der Wunsch, ihren geliebten Menschen ein Denkmal zu setzen und ein wenig Glück in ihrem kurzen Leben zu finden, hat ihre Verzweiflung besiegt. Ein Sieg, der sich auch auf jene erstreckt, die sie ihres Andersseins wegen ermordet haben. Ein Tagebuch, das uns die Schändung jüdischen Lebens qualvoll mitempfinden läßt. Vor ihrem Tod aber setzt unser Herzschlag, unser Mitempfinden aus: Wir können dieses Leid nicht mehr nachvollziehen. Dennoch hat Anne Frank mit ihrem Tagebuch etwas erreicht: ein neues und wegweisendes Leben, das uns mahnt und das sie nicht sterben läßt.

Ich frage mich immer wieder, warum diese eindringlichen Worte eines Opfers, das in seinem Tagebuch wieder zu atmen und zu leiden beginnt, zu lieben und zu lächeln – warum dies eine Welt, die es zur Kenntnis genommen hat, überhaupt nicht verändert hat, sie nicht einsichtiger, toleranter und gewaltloser gemacht hat. Vielmehr das Gegenteil ist der Fall: Über die Stiftung, die den Namen Anne Frank trägt, sind Schatten gefallen. Ein schon lange schwelender Konflikt zwischen der Einrichtung in Amsterdam und dem Anne-Frank-Fonds in Basel ist nun zum Ausbruch gekommen. Es geht um die Urheberrechte und darum, ob künftig im Namen Anne Franks ein sogenanntes Spendenmarketing betrieben werden darf, in Form von Souvenirs zum Beispiel. Die Streitsache liegt nun beim Richter. Selbst das Erbe von Anne Frank ist zur Handelsware verkommen.

Anne Franks Tagebuch ist natürlich nicht das einzige dieser Art, doch zweifellos das mit der breitesten Wirkung und der höchsten Auflage: 16 Millionen Exemplare in 56 Ländern.

Elisabeth Bock aus Niedernburg bei Rosenheim hat in ihrem Tagebuch, als junges Mädchen verfaßt, die Ausgrenzung einer jüdischen Familie in Bayern beschrieben – das unmittelbare Erleben eines Mädchens, das noch begeistert vom Aufmarsch der Hitlerjugend und vom Leben auf dem Land erzählt. Eine Begeisterung, die abrupt endet, als das Haus verkauft und der Vater zur Zwangsarbeit verpflichtet wird, sie den Judenstern tragen müssen und sie nicht mehr in ihre geliebten Berge kommt. Das Tagebuch wurde unter dem Titel *Erinnerungszeichen* vom Haus der Bayrischen Geschichte herausgegeben.

Ein Tagebuch von literarischem Rang ist Etty Hillesums *Das denkende Herz*[17], in dem sie Jahre einer persönlichen Entwicklung und, so paradox es auch klingen mag, der persönlichen Befreiung beschreibt.

Bewegende Zeugnisse, die gegen unsere Erinnerungsverweigerung angehen, sind im 9. Dachauer Heft[18] erschienen, die Tagebücher jüdischer Kinder und Kinder aus Mischehen.

»Mein Tagebuch war in diesen Jahren meine Balancierstange, ohne die ich hundertmal abgestürzt wäre«, schreibt Victor Klemperer in seinem bereits 1947 veröffentlichten Buch *LTI*, der Kritik der Lingua Tertii Imperii, der Sprache des Dritten Reichs. Seine Aufzeichnungen aus den finstersten Jahren des Dritten Reiches *Ich will Zeugnis ablegen bis zum letzten – Tagebücher 1933–45*[19] sind 1995 erschienen. »In den Stunden des Ekels und der Hoffnungslosigkeit, in der endlosen Öde mechanischer Fabrikarbeit, an Kranken- und Sterbebetten, an Gräbern, in eigener Bedrängnis, in Momenten äußerster Schmach, bei physisch versagendem Herzen – immer half mir diese Forderung an mich selber: beobachte, studiere, präge dir ein, was geschieht – morgen sieht es schon anders aus, morgen fühlst du dich schon anders; halte fest, wie es eben jetzt sich kundtut und wirkt.«

Seine Notizen erinnern, klären auf und bewegen, sind ein ergreifendes Dokument gegen unsere Flucht vor der eigenen Verantwortung. Sein Tagebuch beginnt am 14. Januar 1933, kurz nach der »Machtergreifung« Hitlers. Da ist Victor Klemperer 51 Jahre alt, Romanistikprofessor in Dresden, mit einer Nichtjüdin verheiratet, ein Literaturhistoriker von Rang. Ende 1935 wird Klemperer entlassen. Gesellschaftlich isoliert, im Beruf geächtet, machen die ehemaligen Kollegen einen Bogen um ihn.

Sohn eines Rabbiners, überraschen Klemperers Aufzeichnungen durch ihre Distanz und ihre Kritik am Judentum; für Juden empfindet er wenig Sympathie, und auszuwandern kommt für ihn lange Zeit nicht in Betracht. Erst nach dem Pogrom vom 9. November 1938 löst er sich nach innerem Kampf von Deutschland ab, von seinem Land irritiert und abgewiesen; er will in die USA, wird auf die Warteliste gesetzt. 1940 wird er aus seinem Haus gejagt und in ein »Judenhaus« in Dresden eingewiesen, lebt dort unter elendem Druck, voll Angst und Enge, Hunger und Grauen.

Dennoch begreift Klemperer diese Geschichte nicht nur als seine eigene, er sieht in der Beobachtung und

Aufzeichnung der Schicksale anderer seine Chronistenpflicht, und in den verschiedensten Äußerungen des Mannes auf der Straße, in Redewendungen, in Witzen macht er die Übermacht der »Volksmeinung« deutlich. Als er genötigt wird, sich selbst den Judenstern an die Brust zu heften, da spürt er am eigenen Leib die Überfrachtung durch Projektionen, Verdrängungen ebenso wie die Auswirkungen des Antisemitismus. Ab und zu, selten genug, erfährt er eine Bekundung von Sympathie, meist von einfachen Leuten.

Victor Klemperer

11. September (1934)

Sprache des 3. Reiches: *Parteitag »der Treue« in Nürnberg. Proprio der Treue nach dem Aufstand. Immer mit Stirn das Gegenteil behaupten. Der Führer: Ordnung auf* tausend Jahre. *Wieder die phantastische Zahl. Wieder gegen »schwankenden Intellektualismus«. Rede am 10. 9.: Die Jugend »liebt die Eindeutigkeit und Entschlossenheit unsrer Führung und würde nicht verstehen, wenn plötzlich eine mumifizierte Vergangenheit mit Ansprüchen kommen wollte, die schon in der Sprache einer fremden Zeit entstammt, die heute nicht mehr geredet und verstanden wird.« (Motto meiner Studie!) – In einer andern Rede:* »Deutsch sein heißt klar sein« *als Wahlspruch herausgestellt. (Was ist ihm Klarheit? Primitivität! Ich variiere: Deutsch sein heißt* Tier *sein.)*
Goebbels' Rede über Propaganda. Die Propaganda

»darf nicht lügen«. Sie »muß schöpferisch sein«. – »Die Angst vor dem Volk ist das charakteristische Merkmal liberaler Staatsauffassung.« Wir treiben »aktive Massenbeeinflussung« und »auf längere Sicht eingestellte systematische Aufklärung eines Volkes als Ergänzung«. »Die Staatsmänner müssen zu gewissen Zeiten den Mut haben, auch Unpopuläres zu tun. Aber das Unpopuläre will rechtzeitig vorbereitet werden, und es muß in seiner Darstellung richtig formuliert sein, damit die Völker es verstehen …« (6. 9. 34). Am 8. 9.: »Wir müssen die Sprache sprechen, die das Volk versteht. Wer zum Volk reden will, muß, wie Martin Luther sagt, ›dem Volk aufs Maul schauen‹.«
Der Führer »appelliert« wieder an die »heroischen Instinkte«. Die Unterführer betonen wieder: »Adolf Hitler ist Deutschland.«[20]

Von Auschwitz berichtet Klemperer erstmals 1942, doch vom Mord an den Juden schon früher, auch, daß diese unsagbare Entsetzlichkeit durchaus bekannt war. Ohne dieses stillschweigende Einverständnis wären Ausgrenzung, Entrechtung, Verfolgung und Mord undenkbar gewesen. Klemperers akribische Genauigkeit beim Aufzeichnen macht uns die unheimlichen Züge des Durchschnittsbürgers deutlich.

Die letzte Eintragung macht er im Juni 1945, als er, nach einer chaotischen Flucht, als einer der wenigen, die überleben, ins zerstörte Dresden zurückfindet. »Ich möchte gar zu gern der Kulturgeschichtsschreiber der gegenwärtigen Katastrophe werden«, schrieb er im Februar 1942, und Volker Ullrich urteilt in der Zeit: »Kein Zweifel, das ist er geworden!«

Im Depot heißt das Lagertagebuch des holländischen Philio Mechanicus aus dem Ghetto Lodz, ein authentischer Bericht über sämtliche Lebensbereiche im Ghetto. Hertha Nathorffs *Tagebuch*[21] schildert ihre Berliner Zeit als Ärztin und den Weg ihrer mühevollen Emigration, die ihr sehr schwerfiel (Aufzeichnungen 1933–1945).

Der Intellektuelle Oskar Rosenfeld, der in offizieller Funktion als Chronist die Bilanz des Todes für 1942 erstellen muß (»Im März starben 2244 – 1411 Männer, 833 Frauen – pro Tag 72 Menschen, pro Stunde 3 Menschen«), gerät in die Fronten zwischen alten und neuen Ghettobewohnern, zwischen ost- und westeuropäischen Juden. Er hat privat, parallel zu seinem Broterwerb als Mitglied der »Statistischen Abteilung« des Judenrates, sein Tagebuch geführt, in dem er 1943 der Tortur und dem Grauen noch Positives abzutrotzen versucht. Zur Zwangsinternierung vermerkt er: »Die Bedeutung besteht darin, daß zum erstenmal in der Geschichte der Menschheit eine Gemeinschaft unter Zwang das und das geleistet hat. Aus sich selbst heraus Erfindungsgeist. Mut und Glaube an sich selbst – eine Robinsonade des Festlands. Der Begriff ›Ghetto‹ hat einen neuen Inhalt bekommen.« Die letzte Eintragung vom 28. Juli 1944 lautet: »Man steht vor Weltuntergang oder Erlösung.«[22]

»Kennst du Bella Fromms Tagebuch?« fragt Eva, und als ich den Kopf schüttle, sagt sie: »Es ist besonders reizvoll durch seine Intimkenntnis der alten Berliner Gesellschaft der dreißiger Jahre und ihrem moralischen Verfall. Ein Buch voll herrlicher und aufschlußreicher Szenen.«

Feine Party im Palais Prinz Friedrich Karl an der Wilhelmstraße. Die Tür öffnet sich, und der frischgebackene Reichskanzler Adolf Hitler im Frack tritt ein und durchschneidet den Raum, geht geradewegs auf die Damengruppe zu. Da geschieht es: »Er ergriff meine Hand, preßte sie an seine Lippen und beschenkte mich, kostenlos, mit einem seiner berühmten hypnotischen Blicke.«

Dies beschreibt die Frau mit dem schönen Namen Bella Fromm, ihres Zeichens stadtbekannte Gesellschaftskolumnistin der Vossischen Zeitung. Charmanter Small talk, in dessen Verlauf Bella erwähnt, daß sie für Ullstein arbeite. Hitler zuckt zusammen, verabreicht ihr einen neuen, knappen Handkuß und haut ab. Grinsen im Saal, denn Bella ist, nach den Kriterien der Machthaber, keineswegs »reinrassig«. Ohne mit der Wimper zu zucken, schlendert sie auf ein paar Nazis zu und meint: Der Führer scheine erkältet zu sein, denn sonst rieche er doch Juden auf zehn Meilen. Vorsichtiges Gelächter, hinter vorgehaltener Hand, nicht ohne sich rasch umzusehen, ob jemand zugehört hat.

Blood and Banquets. A Berlin Social Diary nannte Bella Fromm ihr Tagebuch, als sie es in der Zeit ihrer Emigration 1942/43 in London und New York veröffentlichte, die Chronik des Untergangs einer Epoche.

Unter dem Schatten Deiner Flügel[23] ist der Titel der veröffentlichten Tagebücher Jochen Kleppers, einer der traurigsten Berichte dieser Zeit: das Zeugnis vom Tod einer ganzen Familie. Der deutsche Schriftsteller, mit einer jüdischen Frau verheiratet, die aus erster Ehe mit einem Juden zwei Töchter hatte, als Mitarbeiter des Rundfunks in Berlin 1933 entlassen, beschrieb in seinem Tagebuch das unausweichliche Schicksal eines Familien-Selbstmords.

»Man wird in keinem der vergangenen vier ›großen‹ Jahrhunderte Europas ein vergleichsweise ähnliches finden«, sagt Gustav René Hocke. »Es muß als ein Hinweis auf unsere unbewältigte Zukunft gedeutet werden, die einen kollektiven Selbstmord der Menschheit vorzubereiten scheint.«[24]

Jochen Kleppers letzte Eintragung vom 10. Dezember 1942: »Nachmittags die Verhandlung auf dem Sicherheitsdienst. Wir sterben nun – ach, auch das steht bei Gott –

Wir gehen heut nacht gemeinsam in den Tod.

Über uns steht in den letzten Stunden das Bild des Segnenden Christus, der um uns ringt.

In dessen Anblick endet unser Leben.«[25]

Der erste Halbband der nachgelassenen *Tagebücher 1913–1917* von Gershom Sholem ist 1994 im Jüdischen Verlag erschienen, erster Teil seiner Aufzeichnungen, in denen Sholem die Geschichte seiner Freundschaft mit Walter Benjamin und seines Wegs von Berlin bis zu seiner Auswanderung nach Jerusalem schildert, eine kommentierte Ausgabe, die das Private eliminiert.

Groß geworden in Deutschland, nennt sich Sholem

noch Gerhard, neigt zeitweise dem Marxismus zu, grenzt sich jedoch vom Jüdisch-Orthodoxen gründlich ab. Klarsichtige Offenheit und unbestechliche Nüchternheit, Witz und eine kritische Distanz zum Wahnsinn seiner Zeit zeichnen dieses Tagebuch aus, in dem er sich über seine Ausmusterung lustig macht und die »Drükkebergerei« besingt, das »Sich-Fernhalten von der Teilnahme am Morde«.

Ein Kriegstagebuch aus unseren Zeiten: Ein dreizehnjähriges Mädchen aus Sarajevo, Zlata Filipovic[26], hat sich vom unbeschwerten Schulmädchen in ein Kriegs- und Kellerkind verwandelt, die Familie ist im Kessel gefangen, wer konnte, ist geflohen. Ihr Onkel wird schwer verletzt, die Mutter wird von einer Granate überrascht, die Freundin Nina ist tot.

Ein Buch, das exakt und ohne Blicktrübung, aus kindlichen Augen, diesen schrecklichen Krieg beschreibt. Es wurde auf eine beschämende Weise vermarktet, als könne der gute Verkauf als Rechtfertigung dafür dienen, daß wir auch angesichts dieses uns so nahen Krieges schweigen. Doch solange wir uns die eigene Geschichte nicht aneignen, eignen wir uns auch nicht die Geschichte anderer Völker an.

Der lange Arm der Mullahs heißt ein Band mit »Notizen aus meinem Exil« des persischen Exilautors SAID.[27] Notizen sehr persönlicher Art, außerhalb der großen Politik. Er berichtet aus iranischen Zeitungen und schreibt vom Müdewerden im Exil, in dem er nun seit dreißig Jahren lebt, streut rebellierende Gedichte wie dieses dazwischen, das mehr als alle Interpretationen aussagt:

»Was mich betrifft:
Ich bin nur ein ungebetener Gast –
Gastgeberin ist die deutsche Sprache. (…)
Deutsch,
eine neue Haut.
Deutschland,
meine Art fremd zu sein.«

VII.
Tagebuchschreiben und Lebenssituation

Der Verlust ihres Mannes hat Eva mit einem Mal in eine Witwe an der Schwelle zum Alter verwandelt, die der Trauer, von ihrem Mann für immer getrennt zu sein, eine größere Bedeutung einräumt als dem Glück, das sie mit ihm erlebt hat.

Dabei hat sich sein Abschied schon zwei Jahre zuvor deutlich abgezeichnet, nach seinem ersten Herzinfarkt. Sofort erkrankte auch sie und mußte operiert werden, lag, ganz treusorgende, manchmal aufsässige Tochter, neben ihm im Krankenbett, geplagt von den ersten Anzeichen einer tiefen Trauer. Was tun, damit der endgültige Abschied weniger weh tut?

Dabei gab es genügend Anzeichen dafür, daß er mit seinem deutlicheren Älterwerden nicht immer zurechtkam. Es war nur natürlich, daß das schmerzlich war und sie sich dagegen innerlich wehrte, doch gleichzeitig empfand sie dabei das Gefühl einer Schuld. Ihre Liebe war nach wie vor da, aber vielleicht ahnte sie auch, daß sie auf das Leben allein nicht genügend vorbereitet war.

Ihr Mann hatte wiederholt mit ihr über seinen Tod gesprochen. Seine Worte waren Liebeserklärungen, und sie hat nur einmal kurz davon geredet, in einem knappen Satz.

Er arbeitete wieder weiter, machte Pläne, unternahm

mit ihr kleine Reisen, fuhr nicht mehr wie früher mit ihr durch die halbe Welt. Er machte sich Sorgen um sie, und das setzte ihr zu.

Doch hatten sie genügend gute Tage miteinander, und bis zum Schluß war er geistig im Vollbesitz seiner Kräfte und körperlich nicht hinfällig.

Sein Tod war für sie von so starker Wirkung, weil er nicht nur einen großen menschlichen Verlust bedeutete, sondern auch eine gewisse Ernüchterung. Nun, da sie niemanden mehr hatte, der alles für sie regelte, entdeckte sie, daß ihre Existenz nicht ohne finanzielle Sorgen war. Sie sah ihre Arbeit, über die sie mit ihm hatte sprechen können, mit kritischeren Augen und bemerkte ihr Angewiesensein. Sie entdeckte, daß sie manchen Träumen nachgegangen war, die nur möglich gewesen waren, weil er ihr Schutz gegeben hatte. Sie lernte die Situation einer alleinlebenden Frau kennen, die nicht mehr wie früher umworben wurde. Sie empfand schmerzhaft die Sehnsucht nach Gespräch und Berührung, den Verlust ihrer Selbstsicherheit und lernte den Zweifel kennen. Sie lebte in der Erinnerung, und nun, da sie niemanden mehr hatte, den sie liebte, liebte sie nur noch diese.

Vieles an ihrer neuen Schroffheit entsprang nicht angeborener Härte, sondern dem Versuch, mit den Brüchen ihres Lebens fertig zu werden und sie zu kitten. Sie versuchte immer wieder, tapfer zu sein, doch so rasch war das alles nicht abzuwerfen. Schließlich bemühte sie sich, ihre Sehnsüchte zu vergessen und sich voreilig mit der Möglichkeit, allein älter zu werden, vertraut zu machen, versuchte sich freizumachen von schmerzlichen Gefühlen und Wünschen. Ja, manches, was sie sagte und tat, trug vielleicht den Stempel des Ungeduldigen, zu früh Beschlossenen und Ausgesprochenen, Voreiligen. Doch langsam, davon war ich überzeugt, würde sie sich auch wieder ihrer Körperlichkeit bewußt werden. Um für immer darauf zu verzichten, dazu war sie zu sinnlich und zu intelligent.

Sie waren ein richtiges Paar, eines der wenigen, das unbeirrbar miteinander gelebt hatte, dreißig Jahre lang. Ein Paar, wie es viele mit Verwunderung und Neid betrachteten, das sich unter einem festen, intellektuellen Freundeskreis bewegte, voll Geselligkeit. Das Ausgesetztsein, allein ins Theater zu gehen oder ins Restaurant, sich allein in der Arena des Geschlechts zu behaupten, hat sie nie gekannt. Nun kann sie es nicht ertragen.

Die Zeit, die sie nun schon mit Trauern verbringt, ist lang. Und doch meine ich manchmal zu sehen, wie sie für eine Weile vergißt. Ihr Leiden ist auch eine Verkleidung, die abgeworfen werden muß, und ich weiß, daß sie das manchmal fühlt und dieses Schwarz nicht mehr mag.

Kann Trauer auch Egoismus oder Selbstdarstellung sein? Selbst das habe ich mich manchmal gefragt. (Meine Großmutter trug Trauer jahrelang, in Italien ist sie, auf dem Lande, im Süden, für die Witwen lebenslang gefordert.) Müßten wir nicht lernen, leichten Herzens ziehen zu lassen, was uns verläßt?

»Den Zigeunern ist der Respekt vor Friedhöfen fremd«, schreibt Wolfdietrich Schnurre in einem meiner Lieblingsbücher, das mich seit seinem Erscheinen begleitet, *Der Schattenfotograf.* »Ist der Tote begraben, wird die Stelle vergessen. Ein Reisender ruht nicht. Gedenken ist Reisen im Weg.«[28]

Es ist eine Erfahrung, daß die Trauernden häufig schwerer an ihrem allzu raschen Vergessen tragen als am Verlust. Noch einmal Schnurre in diesen Notizen, auch dies eine Art Tagebuch: »Es kann kommen, wer will. Wer kommt, tröstet. Ich weiß, was ich sage.«[29]

Evas Mann hatte sein Leben vollständig auf sie eingestellt, und er hat sie, die zuvor unsicher war, durch seine Liebe und Fürsorge ihres Wertes versichert. Unter dem Einfluß seiner reifen und verständnisvollen Gegenwart hatte sie vieles abgelegt, das ihr zuvor Schwierigkeiten bereitet hatte. Nun, nach seinem Tod, entdeckte sie, daß manches nicht bewältigt, sondern nur weggeschoben worden war. Seine Anbetung hatte eine gewisse Verkrampftheit in ihr zum Schwinden gebracht, nun kehrte sie in einer veränderten Form wieder und äußerte sich in einem fast kindlichen Vorwurf, als wäre ihr durch seinen Tod Unrecht zugefügt worden, als hätte er sie, ohne auf ihre Wünsche Rücksicht zu nehmen, schnöde verlassen.

Sie, die immer viele Ansprüche an ihre Umgebung stellte, konnte für ihn das sein, was er erwartete. Nun muß sie das neu lernen, nur für sich.

Sein Tod läßt sie einsamer zurück als andere sonst. Es ist niemand mehr da, das Leben mit ihr zu teilen, und nun ruht sie kein bißchen mehr in sich selbst. Ich habe das Gefühl, daß sich in ihr etwas anstaut, daß dieses Schweigen auf irgendeine Weise gebrochen werden muß, diese Trauer im Übermaß.

Am meisten vermißt sie das Gespräch, die geistige Geborgenheit.

Er war ein Mann, der seine Vaterrolle auf amüsierte Weise übernahm, völlig entspannt, und trotz seines immensen Wissens hat er nie das letzte Wort behalten. Sein offen eingestandener Appetit auf Menschen und intellektuelle Nahrung verrieten einen neugierigen und wachen Geist. Er war sehr liebenswürdig und hatte eine Neigung für das Komische. Ich glaube, es gab für ihn keinen geistigen und künstlerischen Raum, in dem er sich nicht heimisch gefühlt hätte (am wenigsten vielleicht noch in der Politik), und kaum gab es etwas Treffenderes zu sagen.

Wen gibt es da schon, auf wen soll man hören? Ich weiß, wovon ich rede, denn ich habe Glück gehabt. Es ist nicht verwunderlich, wenn eine Frau in meinem Alter die selbstlosen Belehrungen des noch Älteren zu schätzen weiß, denn wir sind monomane Fragende und ziehen das ruhige Selbstvertrauen eines gelebten Lebens der Unkenntnis, den Halbwahrheiten und der jugendlichen Selbstdarstellung vor. Für unseren Selbstzweifel ist die Selbstsicherheit des älteren Mannes eine ständige Ermunterung.

Mit fast kindlicher Beharrlichkeit pocht sie nun, an solche Ansprüche gewöhnt, auf ihr Recht und sträubt sich gegen die Vorstellung von einem Kompromiß.

Die Trauer im Gesicht eines Menschen zu sehen, die matten Augen, die zerknitterten Lider und fahlen Wangen, ist bedrückend, so schön der Mensch auch sein mag.

Er bekommt etwas Lebloses, Abgelebtes, einen Mangel an Frische, als hätte er bereits begonnen, selbst zu sterben. Die Trauer umgibt ihn wie eine Hülle, die die Kraft seiner inneren Ausstrahlung bricht – statt dessen wird eine andere, abwärts gerichtete Kraft sichtbar. Trauer ist eine geistige Strömung, die anzieht und abstößt zugleich, sie weckt Mitleid und Angst, aber auch Achtung.

Die erste Trauer erlebte ich mit meiner zerbrochenen Puppe, die man mir weggenommen hatte, den zurückgebliebenen Röckchen und Jäckchen, die ich begrub. Der erste unwiederbringliche Todesfall in meinem Leben: Plötzlich waren meine erwachende Mütterlichkeit, das gemachte Bettchen, die Tellerchen und Gäbelchen sinnlos geworden. Man hatte mich meines aufkeimenden altruistischen Teils beraubt.

Es tut immer weh, Eva trauern zu sehen, ihr vorsichtiges Atmen, das fast ein Seufzen ist, zu hören. Es berührt mich, und ich verstehe, wie sie sich anspannen muß, um nicht ständig zu spüren, daß sie nicht gebraucht wird. Auch ihre mütterliche Sorge, ihre Anteilnahme und ihr Wunsch zu teilen, sind nicht mehr gefragt.

Die Fähigkeit des Erwachsenen, sich trotz Trennung eine Empfindung für Nähe zu erhalten, hat sie verlassen, und sie sieht nur das, was ist: Er ist fort. Sie ist zutiefst erschrocken von diesem Gefühl, daß sie ihn mitunter gleichsam vergessen kann. Dann überfällt sie die Trauer ganz unvermittelt und heftig – die Trauer auch um ihr kurzes Gedächtnis.

Vielleicht hilft es ihr, denke ich, wenn sie sich ihn schreibend wieder ins Gedächtnis ruft, vielleicht kann sie das trösten.

Wir gehen ein wenig durchs Städtchen, und vor einem kleinen Papiergeschäft, in dem zum »Fest des Tagebuchs« Tagebücher feilgeboten werden, mache ich halt. Der Papierwarenhändler hat die verschiedensten Arten der Tagebücher, vom einfachen billigen Heft, den gebundenen, mit Mustern versehenen Bänden bis zum pompösen dicken Lederband mit Goldschnitt versammelt, alles, was er so fand. Wir sehen knallrote, mit Comicfiguren verzierte Bücher für Kinder und Tagebücher in ihrer kümmerlichsten Form, mit gewalttätigen Monstern und Fernsehhelden in Leuchtfarben verziert – Tagebücher auf Abwegen. Dann wieder sogenannte Jungmädchenfolianten, kitschig mit Vergißmeinnicht, Herzen und Rosen geschmückt.

Mit der harmonischen und doch schülerhaft angelernten gemalten Schrift – man kann den italienischen Volksschullehrern das Kompliment machen, daß sie zur Schönschrift erziehen – steht auf einer Karte geschrieben: »Ihr Lebensgefährte, das Tagebuch«.

Beherzt sage ich: »Komm, wir gehen rein. Ich will dir ein Tagebuch kaufen.«

Ich halte einen schönen, mit zartgrünem venezianischen Muster, dazwischen ein wenig hingetupftes Rostrot und Braun, verzierten Band in der Hand. »Das ist recht schön, gefällt es dir?«

»Viel zu schade für meine kümmerlichen Notizen.«

»Das finde ich nicht.«

»Außerdem weiß ich nicht, was ich hineinschreiben soll«, sagt sie mit ratlosem Gesicht, »ich fühle mich leer.«

»Nichts auf der Welt ist besser dagegen als jemand, mit dem du über alles sprichst.«

»Mit wem soll ich sprechen?« Sie seufzt, blickt zu Boden, mit bekümmertem Gesicht, die Augen von dunklen Ringen umgeben, das steht ihr gut.

»Mit ihm natürlich«, sage ich, »mit deinem Mann, dessen Gespräche durch keinen anderen ersetzt werden können. Mit ihm kannst du deine Gedanken teilen, die Einsamkeit, und auch den Schmerz.«

Aufmerksam und mit einem Mal ganz wach sieht sie mich an und hört zu.

»Das Tagebuch als Zwischenglied zwischen dir und ihm.«

Ich sehe ihr an, wie sie darüber nachdenkt.

»Ich glaube, das ist eine gute Idee«, sagt sie, »weißt du was? Am liebsten würde ich ihm Briefe schreiben. In Gedanken habe ich das ab und zu schon getan.«

Ohne Dialog wäre ein Tagebuch nicht denkbar, denn es macht den Raum, der uns von unserer Umwelt trennt, durchlässig und gibt ihm Resonanz. Manche Tagebuchschreiber reden, wie Anne Frank, ihr Tagebuch mit Du an wie einen Gesprächspartner, an den sie sich vertrauensvoll wenden, erfüllt vom Bedürfnis nach seelischer Erleichterung. Die meisten von uns haben es, als sie jung waren, so gehalten.

Tagebuchschreiben ist eine machtlose Geste, und doch kann es uns erlösen. Wir bewegen uns aus dem reinen Tun hinaus ins Denken und beobachten unsere Handlungen. Je genauer wir das machen, desto mehr können wir sehen. Je privater dabei unsere Sprache ist, desto näher kommen wir uns.

Wolfdietrich Schnurre schreibt in *Der Schattenfotograf*, seinem Tagebuch in Form loser Notizen, Gedanken nieder, die auch fürs Tagebuchschreiben gelten:

Es bleibt dabei. Nie ohne Stift, ohne Zettel weggehen, gar eine Bahnfahrt, einen Flug unternehmen. Es gibt keine Situation, in der nicht notiert werden dürfte, keine Gemütslage, die einen der Pflicht des Schreibens auf den Tod zu enthebt. Das an der Oberfläche Halunkische dieses Dauerverrats kann durch die Exaktheit des Notierten wettgemacht werden.
Der Schreibprozeß
Dokumentation in 10 Phasen

1. *Erleben; überlagern; absinken lassen.*
2. *Vermissen; riskieren; gefährden.*
3. *Tauchen; suchen; sich stellen.*
4. *Heben; bekennen; erinnern.*
5. *Riechen; hören; spüren.*
6. *Erblicken; schauen; erkennen.*
7. *Vermuten; bestätigen; bejahen.*
8. *Begreifen; verstehen; vollziehen.*
9. *Verknüpfen; kombinieren; schließen.*
10. *Benennen; beleben; bewahren.*[30]

In welcher Lebenssituation wir uns auch befinden, unser Tagebuch dient uns als Übungsgelände. Ob wir nun Schreckliches erleben, wahre Katastrophen oder Träume hegen, ob wir in Ängsten leben, schwer erkrankt sind oder voll Trauer, ob wir mit unserer Arbeit nicht zurechtkommen, mit unserem Partner, unseren Freunden, dem ganzen Leben – das Tagebuch erweist sich als zweckdienliches Medium zur Bewältigung und gibt uns Ruhe: »Beruhigung«, schreibt Canetti, »ist vielleicht der Hauptgrund, warum ich ein Tagebuch führe. Es ist kaum zu glauben, wie der geschriebene Satz den Menschen beruhigt und bändigt. Der Satz ist immer ein anderer als der, der ihn schreibt. Er steht als Fremdes vor ihm, eine plötzliche feste Mauer, über die sich's nicht springen läßt.«[31]

Ob Richter, Hausfrau, Anwalt, Steuerberater, Sekretärin, Schriftsteller, Bildhauer, Maler, Komponist – sie alle kennen Dinge, die man niemandem sonst sagen kann und mit denen man allein zurechtkommen muß. Sie schreiben Tagebuch, um der Unwürdigkeit des Vergessens zu entgehen, das spätestens dann eintrifft, wenn wir vor einer ähnlichen Situation stehen und uns wiederholen. Oder sie schreiben, um ganz einfach festzuhalten, was für die Arbeit nützlich ist, wie Paul Klee:

»Genesis einer Arbeit:

1. Streng nach der Natur zeichnen, eventuell durch das Perspektiv.

2. Nr. 1 auf den Kopf stellen, nach Gefühl die Hauptlinien hervorheben.

3. Das Blatt wieder in die erste Lage bringen und 1 = Natur und 2 = Bild in Einklang bringen.«[32]

13. 5. Unterhalten wir uns ein wenig mit uns selbst Herr Musil. Sie haben also Tage, wo Sie die Künstler nicht lieben?
Ja.
Und auch solche, wo Sie die Philosophen meiden?
In der Tat. Bald sind mir die einen zu wenig philosophisch, bald die anderen zu wenig menschlich.
Und heute?
Heute halte ich es mit den Künstlern. Ich habe mich im Institut geärgert und saß dafür abends neben einem Tisch mit Künstlern, deren harmlose Heiterkeit mich ergötzte.
Harmlose Heiterkeit ist beinahe ein Schlagwort; es ist die Art, wie man ehemals den Künstler einschätzte.
Hm wohl, Sie rühren da an eine heikle Stelle.
Verzeihung.
Nicht nötig. Wir müssen uns hierüber einmal aussprechen. Ich muß gestehen, daß ich – trotzdem ich glaube ein Künstler zu sein – nicht weiß, was das ist. Das Philosophische irritiert mich. Ich leide unter dieser Vermengung. Leide tatsächlich. Mein Begriff von Philosophie ist anspruchsvoller geworden; er reißt das an sich, was ich bisher als das Wesentliche am Künstler ansah.
Sie machten mir schon einmal hierüber Andeutungen. Der Philosoph läßt den tiefsinnigen Künstler nicht gelten, sagten Sie.
So ist es. Tiefsinn kann nicht tief genug, nicht exakt genug sein.[33]

Ob am Nord- oder am Südpol: Reinhold Messner schreibt Tagebücher, aus denen er dann später seine Bücher macht. Er schreibt mit Bleistift, wenn er am Südpol ist, denn bei minus 45 Grad friert jeder Kuli, friert die Tinte ein. Pro Tag füllt Messner eine Seite mit seinen Eindrücken und Stimmungen.

Rudolf Moshammer, der Münchner Männermodeschöpfer, verwahrt seine kostbaren Tagebücher im Tresor. Seit 25 Jahren ist er ein eifriger Tagebuchschreiber. Er schreibt in richtige Bücher aus handgeschöpftem Bütten und benutzt eine altmodische Feder, das Stück zu vier Mark, die ihn zur Langsamkeit zwingt. Bereits vier Bände zu je 250 Seiten hat er vollgeschrieben. Moshammer beginnt morgens um 6 Uhr mit dem Tagebuchschreiben, gleich nach dem Aufstehen. Dann kommt das Tagebuch sofort in den Tresor, durch eine Kombination aus 6 Zahlen gesichert.

Und auch Konrad Kujau, der Hitler-Tagebuchfälscher, ist angeblich ehrlich, was sich selbst betrifft. Aus einer Familie mit Tagebuchtradition stammend, schreibt er seit seinem sechsten Lebensjahr: »Außerdem mußte ich als Jungpionier, denn ich komme ja aus der DDR, Tagebuch schreiben, um ›sozialistische Selbstkritik‹ zu üben.«

Seine Tagebücher wurden übrigens seinerzeit, als er für den Stern fälschte, von der Staatsanwaltschaft beschlagnahmt: »Was glauben Sie warum? Zu mir selbst bin ich ehrlich.«

In einem Zeitalter, in dem die Tatsache, lesen und schreiben zu können, dabei ist, ihre identitätstiftende Funktion zu verlieren, ja, schon wieder zu einer anderen Form der Sprachlosigkeit führt – eine Folge der Überfütterung durch Medien und Computer –, ist es erstaunlich, daß das Tagebuchschreiben eine solche Renaissance erlebt. Schon bemächtigen sich Mediziner und Psychologen dieses Mittels und setzen Tagebuchschreiben als Therapeutikum ein. Nach Meinung des Mediziners Larry Dossey ist das Bildvorstellungsvermögen nicht das einzige Mittel des holographischen Geistes, um körperliche Veränderungen zu bewerkstelligen. Ein anderes ist die Einsicht in die ungebrochene Ganzheit aller Dinge. Denn wir neigen dazu, Krankheiten als äußerliche Gegebenheit zu betrachten, als Störfaktor.

So forderte er zum Beispiel von Patienten, die unter Kopfschmerz litten, ein Tagebuch – mit dem Ergebnis, daß die Schmerzen schwanden, als sie damit begannen. Es gelang ihnen, die Kopfschmerzen als Teil eines Ganzen, eine Erscheinungsform ihres Verhaltens, ihrer Gefühle, der Ernährung, des Schlafes, der körperlichen Betätigung zu sehen, sie in den großen Zusammenhang ihres Lebens einzuordnen: »Wenn wir uns dem Prinzip der Wechselbeziehung und des Einsseins verschreiben«, so Dossey, »stellt sich Gesundheit ein.«[34]

Aus ähnlichen Gründen arbeiten auch Psychologen und Verhaltenstherapeuten zunehmend mit der Methode der Diaristik und lassen von ihren Patienten Krankheits-, Depressions-, Traumtagebücher erstellen, Tagebücher ihres alltäglichen Lebens. Im Lauf der Therapie mag der Schreibende entdecken, daß sich seine kleinen Geschichten und Erfahrungen zu einer oft deckungsgleich wiederholten und logischen Schicksalslinie zusammenfügen, zu seinem eigenen Mythos. Und mag dieser Mythos auch Wunschvorstellungen enthalten –, immer wieder begegnen uns Menschen, die nicht anders können, als ihr Leben als das des »Siegers«, des »Glücklichen«, des »Originellen« oder des »Opfers« darzustellen –, so enthält dieser Mythos doch auch unsere persönliche innere Wahrheit, unser Leitmotiv. Insofern überschreiten wir die Schwelle des Nur-Mythischen.

Sigmund Freud nannte Phantasien, mit denen wir uns so etwas wie eine Familie schaffen, den »Familienroman«: Material, niedergelegt auch im Tagebuch, mit dem der Therapeut arbeiten kann, um uns unsere eigene Welt verstehen zu lehren. Auch Tagebuch-Weekends und Tagebuch-Kurse in der Natur werden angeboten, manchmal in Kombination mit Musik und Malen, mit Rollenspiel: mit dem Ziel herauszufinden, wie unser Leben beschaffen ist. Da gibt es so viele Begegnungen, Dinge, die sich überlagern, ineinanderschieben, da gibt es Ansätze, die wir selbst nicht zu sehen vermögen, um unser Leben zu ordnen und sich wieder eins mit sich selbst zu fühlen.

Christa Goldmann-Posch

7. Februar

Die namenlose Angst nimmt Gestalt an. Gierig lauert sie mir auf, Tag und Nacht, auch dort, wo ich sie nicht erwarte.

Erschrocken fahre ich zusammen vor den dichten Schneeflocken, die wie weiße Splitter vom Himmel fallen. Im Auto peinigt mich die Vorstellung, mit hundert Stundenkilometern gegen einen Baum zu rasen, beim Essen die Befürchtung, mit der Gabel am Mund vorbei in die Backe zu stechen. Der Garderobenständer in der dunklen Ecke läßt mich zusammenzucken. Hat sich da nicht eben etwas bewegt? Die schrille Stimme der Verkäuferin beim Metzger geht mir durch Mark und Bein. Spitze Küchenmesser liegen da und fragen mich, was wohl wäre, wenn ich mich … oder mein Kind – Alpträume am hellichten Morgen.
Das Telefon summt. Ich habe es seit gestern leiser gestellt. »Frau Goldmann, ich muß Sie unbedingt sprechen«, sagt Frau Nachtway, Philips Lehrerin. »Ihr Sohn macht seit einer Woche so gut wie keine Hausaufgaben.«[35]

»Tagebuchschreiben, um sich selbst besser kennenzulernen« heißt ein Buch des italienischen Psychologen Raffaele Cavaliere[36], in dem er das Tagebuch als Therapeutikum empfiehlt. Mit ihm könnten wir unsere Verteidigungsmechanismen, unsere Abwehr, Aggression, Zwänge zur Anpassung, Konfliktvermeidungen und Frustrationen besser durchschauen. Er empfiehlt, parallel zur Psychotherapie, ein Arbeitsbuch zu schreiben, ein persönliches Dokument der Selbsterfahrung, in dem wir unsere Zweifel, Verwundungen und Unsicherheiten festhalten, nachdenken und zusammenfassen, um in Zusammenarbeit mit dem Therapeuten eine intensivere Erfahrung und eine bessere und systematischere Kondition zu erarbeiten. So kann der Therapeut seine Methode modifizieren und eine komplexere Methode wählen, in Abstimmung mit den Vorstellungen des Patienten. Wiederholungen werden ausgeschaltet, störende Symptome genauer erfaßt. Cavaliere: »Dieses Verfahren, gleichzeitig mit Gespräch und Tagebuch zu operieren, gewährleistet eine genauere Anamnese. Wir können unsere Lebenssituation beschreiben und so eine Verbesserung erreichen.«

VIII.
Politische Tagebücher und ihr Appell an unsere Mitverantwortlichkeit

»Die Geschichte von unten noch einmal neu schreiben«, darauf will Saverio Tutini mit seinem Archiv hinaus. Er kennt die Anfälligkeit des Menschen für Vergeßlichkeit und möchte unsere Aufmerksamkeit schärfen für jene, die ungehört, in Armut oder Unterdrückung leben, in Unscheinbarkeit.

Wieder im Archiv, entdecke ich gar manche Tagebücher, die aus unterschiedlicher Sicht Gleiches, den Zweiten Weltkrieg zum Beispiel, dokumentieren. Ob aus der Warte des Soldaten, des Partisanen oder einer Hausfrau: Zwischen ihnen, die sich nicht kannten, und mir, die ich jetzt in ihr Vertrauen gezogen werde, findet eine spezifische chemische Reaktion statt, von der auch Walter Kempowski in seinem *Echolot* profitierte. Ich habe die Wahl. Ich kann den Krieg aus der Sicht des bewaffneten Verteidigers, der seinem Land dient, sehen. Ich kann ihn aus der Sicht der sich illegal, unter Lebensgefahr in den Wäldern versteckten Partisanen sehen. Oder aus der Perspektive jener Frau, die Nacht für Nacht durch Dickicht und Dunkelheit, mit schwerem Rucksack und Körben am Arm, hoch in die Berge schlich, um die Partisanen zu versorgen, selbst Mutter einer stattlichen Familie, die sich trotz der Mühsal, ihre Angehörigen ganz ohne Männer zu ernähren, diese Strapazen aufgebürdet hat.

Darum geht es. Daß diese engagierten Tagebuchschreiber mir ein unverfälschtes Geschichtsbild geben. Um ihre Kämpfe gegen eine darniederliegende Humanität. Darum, daß der Mensch die Sprache der Wahrheit spricht. Darum, daß ich erfahre, was es heißt, sich in Zeiten politischer Verwirrung dennoch dem Menschen zuzuwenden und ihm zu helfen.

1987 hat Sergio Lenci den »Premio diario«, den Tagebuch-Preis, erhalten, und fasziniert lese ich in seinem autobiographischen Text *Colpo alla nuca. Genickschuß* lautet der Titel des Werkes, inzwischen als Buch erschienen. Lenci, 1927 geboren, römischer Architekturprofessor, war in den fünfziger Jahren verantwortlich für die Renovierung und Neugestaltung von Gefängnisbauten und wurde 1968 von der Terrororganisation »Prima Linea« zum Tode verurteilt. Doch hat Lenci diesen Mord, am 2. Mai 1968 durch Genickschuß verübt, überlebt – er schrieb dieses Buch mit der Kugel im Kopf.

Dennoch genügte es diesem Überlebenden nicht, den Schrecken nur aufgenommen zu haben und wiederzugeben: Er will offenlegen, fern jeder Bestürzung, will diesen schrecklichen Ausschnitt aus seinem Leben herauslösen. In einer scharfsinnigen Stellungnahme gelingt es ihm, ihn ins Menschliche zurückzuverwandeln.

Sein Buch ist ein Plädoyer gegen die verlogene Eilfertigkeit, mit der Staaten sich rühmen, mit dem Terrorismus fertig geworden zu sein. Seiner Meinung nach geschieht dies nur, »um mitverwickelte hohe Kreise zu schützen, um nicht nach außen hin dringen zu lassen, wovon man nicht will, daß es nach außen dringt«.

Die Schuldigen kann er nicht benennen, doch stellt

er Vermutungen an über diese inhumane anonyme Gewalt und versucht, das Dunkel um Hintermänner und frevelhafte Handlanger zu lüften. Seine Waffe ist die Ethik, ist sein intelligenter Dialog. Er fordert uns auf, nicht abzustumpfen gegen die Alltäglichkeit einer korrupten Gesellschaft, die solch unfaßbaren Terrorismus zuläßt und möglich macht.

Kein Standort, der Kompromisse einräumt. Im Anhang des Buches hat Lenci sich mit einer seiner Attentäterinnen brieflich auseinandergesetzt. Auf den ersten Brief der früheren Terroristin, die Aussöhnung und Verzeihung sucht, antwortet Lenci mit Offenheit und Nüchternheit, einem kargen Realitätsbefund. Er will nicht aufgeschreckte Versöhnungsgesten, sondern konkrete Angaben über die unbekannten Drahtzieher dieser terroristischen Akte, und nach und nach, von seiner Aufforderung nach Offenheit erweckt, setzt ein erschütterndes Gespräch zwischen Opfer und Täterin ein, das falsch verstandenes Ethos und unbegreifliche Loyalität ebenso aufdeckt wie einen grauenhaft menschenverachtenden Hintergrund.

Ein Buch gegen eine unbegreifliche terroristische Anonymität, die alle bedroht. Die Mittlerschaft eines berufenen Tagebuchschreibers befähigt uns, die Thematik Terror besser zu durchschauen – einzig von hier aus wächst die Kraft, zu verändern.

Viele der politischen Tagebücher sind im Versteck geschrieben – die Gedanken Machtloser, die ihr Individuelles vor der Staatsmacht verteidigen müssen, ihre Sicht vom Ich ebenso wie ihre Sicht der Welt. Das eingekerkerte Opfer atmet, handelt, leidet und denkt, es betet und bäumt sich auf, es schämt sich und ist aufgewühlt, es protestiert und revoltiert.

In Diktaturen ist Selbstfindung lebensgefährlich: Die Stärke des Ich soll vom Gleichschritt-Wir mitgezogen, von ihm niedergemacht werden. So bildet sich stets in Gewaltherrschaften ein privater Untergrund, ein Samisdat während der Kriege und Revolutionen.

Warum hat sich niemand von den Aufzeichnungen des italienischen Kunsthändlers und Historikers Bernard Berenson erschüttern lassen, der während des Zweiten Weltkriegs in Italien im Versteck seine Tagebücher niederschrieb[37], einem Mann, der, bereits im Greisenalter, mit diesen Reflexionen tief in die Krankheitsgeschichte seines Jahrhunderts eindrang, ohne Haß, allein vom Versuch durchdrungen, zu verstehen? Trotz seiner tiefen Abneigung gegen die Nazidiktatur siegt in seinem Buch der Versuch, einen neuen Weg für die Zukunft aufzuzeigen. Sein Tagebuch ist eine eigenwillige Analyse der nationalsozialistischen Bewegung, die, so schreibt er, bemüht sei, Europa zu »asiatisieren«, sie seines Mittelmeerraumes samt seiner Tradition zu berauben. Ein Appell an die Deutschen zu begreifen, daß sie in Zukunft nie mehr versuchen dürften, den Rest der Welt unter ihren Absätzen zu zertreten – wenn sie dies verstünden, so Berenson, dann hätten sie diesen Krieg nicht umsonst geführt.

Widersprüchlich in seiner Haltung war Knut Hamsun, der einerseits seinen verfolgten Landsleuten in Norwegen half, andererseits aber Hitler für einen bedeutenden Mann hielt und die Ideen von einem »germanischen Staatenbund« guthieß, in dem auch Norwegen eine entscheidende Rolle übernehmen sollte. Ihm wurde nach Kriegsende der Prozeß gemacht, und er kam erst ins Krankenhaus, dann ins Altersheim und schließlich ins Irrenhaus.

Hamsun hat in diesen Zeiten heimlich *Auf überwachsenen Pfaden*[38], sein Tagebuch, geschrieben, ein Buch, das tiefer Einsamkeit entstammt, und unter Schikanen, schließlich mit der Diagnose »geisteskrank« verfaßt wurde: nur weil er nicht ins Schema paßte und im Alter zu verqueren politischen Phantasien neigte. Ein Tagebuch auch der Verdrängung seiner politischen Verantwortlichkeit, ähnlich Jüngers Tagebüchern aus dem Zweiten Weltkrieg. Ein Dokument der inneren Flucht, Folge eines verordneten Gleichschritts im Geiste.

Politische Tagebücher wurden nicht immer im Versteck geschrieben. Doch meist ist Auslöser der Wunsch zu enthüllen, Ereignisse aufzudecken und Material zu Personen und Zeitereignissen zu liefern. Einsame Stimmen, die sich voll Zorn erheben, die die politische Situation klar zu zeichnen versuchen und uns unsere Geschichte zu entziffern helfen. Die unser detektivisches Interesse an historischen Personen und Ereignissen wecken.

Sobald der Tagebuchschreiber das zu beschreibende Papier vor sich liegen hat, nimmt er sich das Recht, ketzerisch und unbefangen zu sein, ohne Angst vor Tyrannen und Diktatoren. Er ist sich seiner ohnmächtigen Rolle als kleines Ich im Staat bewußt und versucht, seine Individualität durch Schreiben hervorzuheben und zu stärken.

Kritisch beurteilen in der Renaissance die Schreiber die Haltung ihrer Politiker und begleiten die Krisen ihres

Staates, die Kriege und Intrigen in Form von »Kommentaren«. In der Gegenreformation, so Gustav René Hocke, »tritt das Streben nach individuellem Ich und Umweltanalyse zurück.« Das Ich wird durch gebildete Tischreden und moralisierende Wochenbetrachtungen gefiltert: »Annalen unter staubschwerem Brokat, kleinbürgerlich beflissene Apologien der Fürsten, Kirchen und Christi, eloquente ›Picturae‹ der Welt und Schlüssel (Claves) jeder Art. Dazu auch Theomachien, Konjekturen!«[39] Erstaunlichste Wortkaskaden, die zum literarischen Vergnügen werden, ein Reichtum an Formen, wie es ihn später nie mehr gab.

Dem Politiker und Publizisten Friedrich von Gentz, genannt »die Feder Europas«, der von 1764 bis 1832 zur Zeit Metternichs lebte, Protokollführer geheimer politischer Versammlungen, genügte es nicht, Informationen zu sammeln und weiterzugeben, er muß Privates auspacken und uns seine Schätze anbieten: Hort, was ich alles weiß! Er regt den Appetit seiner Leser an, indem er sie eine Orgie an Indiskretionen wittern läßt. Seine Tagebücher sind ein Zeugnis seiner zynischen Intelligenz und seiner Geltungssucht, den *Journaux intimes* Benjamin Constants insofern verwandt. Doch Constant hat etwas, wofür er sich einsetzt und wogegen er sich, gar unter Lebensgefahr, auflehnt: Er schreibt aus einer kritischen Unzufriedenheit mit den herrschenden politischen Verhältnissen heraus.

»Unterredung mit dem Kaiser. Lange Aussprache. Er ist ein erstaunlicher Mann. Morgen bringe ich ihm meine Vorschläge für eine Verfassung. Sollte es mir endlich gelingen?« (14. April 1815). Hier drängt sich ein

Vergleich mit Goebbels' Wichtigtuerei in seinen Tagebüchern in Diktion und Ausdruck geradezu auf, der nicht müde wird zu betonen, wie groß sein Einfluß auf Hitler ist und wie sehr jener ihn verehrt.

»Zweite Besprechung. Meine Vorschläge hatten wenig Erfolg. Offenbar ist es nicht gerade die Freiheit, die man will.« (15. April 1815). Und schließlich, am 21. Juni 1815: »Das Ende naht. Vollständiger Zusammenbruch. Keine Armee mehr, keine Kanonen, keine Widerstandsmöglichkeit ... Der Kaiser ließ mich rufen. Er ist immer noch ruhig und geistvoll. Er wird morgen abdanken, denke ich. Die Elenden! Als er die Freiheit unterdrückte, haben sie ihm begeistert gedient. Sie verlassen ihn, da er sie einführen will.«[40]

»Der abschließende und endgültige Abrutsch in Schande und Schmach einer scheinheiligen christlichen Gesellschaft, deren Niederbruch so vollkommen sein sollte, daß sie auf allen vieren in den stinkenden Kotmassen städtischer Kloaken und den Kotzlachen der Hunde auf den Straßen herumrutschen, um nach ihren verlorenen Schätzen zu stochern. Weiter gar nichts.« Protest und erbitterter Zorn führten dem konvertierten Juden Léon Bloy die Feder, als er sein Tagebuch des »Grauens« schrieb.[41] Eine der schonungslosesten Anklagen an den Beginn des 20. Jahrhunderts, Hocke nennt ihn einen »Vorläufer der kakophonischen Zeitkritik«. Für Bloy war das Europa jener Zeit »seelisch entkräftet«, seine Menschheit »degeneriert«, er prophezeite ihr (als wisse er bereits um Hiroshima) ein apokalyptisches Schicksal: »Nun, ihr unbedingter, ihr tausendfach unbedingter Tod, wie ich es prophezeit hatte, und ihr, unsichtbare

Rächer im Himmel, Engel und Vollzieher göttlicher Ratschlüsse, seid dafür meine Zeugen ...«

Mein Großvater mütterlicherseits schrieb ein Tagebuch, mit schöner geschwungener Feder, in marmoriert eingebundenen großen Heften, in Korrentschrift. Über einen Panzerangriff, es waren die ersten Tanks, notierte er: »Ein Offizier springt auf den Dicksten und wirft eine Handgranate ins Turmluk, die die Besatzung zur Strecke bringt. Einen andern verläßt die Besatzung, zeigt weiße Tücher und schießt dann auf die herabkommenden Deutschen. Werden umgelegt.«

Als er fünfundzwanzig Jahre später in den Zweiten Weltkrieg geht, kommt er ohne Tagebuch zurück. Er steht unter Schock, hat Schüttellähmung und kann die Feder nicht halten.

Immer leidender werden die Stimmen der Zeugen, Opfer eines schuldig gewordenen deutschen Staates. Unverdrossen hofft Ernst Jünger, kühl und gelassen den *Stahlgewittern* trotzend, auf den neuen Menschen.[42] André Gide hingegen, ein beweglicherer und sich aussetzender Geist, sucht unter den Kommunisten seine Gefährten und zieht sich vor ihrer Auffassung vom Menschen als Produktionskraft wieder zurück: »Ich sage euch, daß eine neue Zivilisation beginnt. Die gestrige stützte sich zu sehr auf die lateinische, das heißt auf das Künstlichste und Leerste der Kultur.«[43] Und 1917: »Seit der russischen Revolution wird mir klar, daß dieser gewaltige Krieg von sozialen Fragen verscheucht werden wird. Ich halte es für möglich, daß auch Deutschland einmal eine Republik werden wird.« ... »Denn

Deutschland wird uns nicht besiegen; sollten wir Deutschland besiegen, so werden wir es nicht vermeiden können, daß wir durch unseren Triumph noch stärker geprüft werden als Deutschland durch seine Niederlage. Die Frage von heute: wie lange wird man noch dafür sterben, um das nicht eingestehen zu müssen?«[44]

»Ich habe Gides Tagebücher immer geliebt«, sagt Eva, die gerade in einem Band mit Liebesbriefen blättert, »weißt du, was Hans Mayer in seinem Buch *Wendezeit* dazu schreibt? Gide habe viele Liebesbriefe an seine Cousine Madeleine geschrieben; nach der Heirat kümmerte ihn die Frau nicht mehr, er suchte die Liebe außerhalb. Madeleine sagte zu all dem kein Wort. Abends las er seiner Frau aus seinen autobiographischen Schriften vor, der eigenen Entwicklungsgeschichte *Su le grain ne meurt*. In einer bestimmten Phase seiner Arbeit benötigte er seine einstigen Briefe an Madeleine und bat sie darum. Sie sagte ihm, sie hätte sie alle vernichtet. Das Leben hat sich an dem besessenen Tagebuchschreiber gerächt.«

Es ist auch das Thema seines Romans von den *Falschmünzern*.

Da möchte der Romancier Edouard einen Roman, *Die Falschmünzer*, schreiben, ein Projekt, das an dem Leben und den Widerständen des Romanciers Edouard scheitert: dieselbe Geschichte, die er erlebte.

»Tatsächlich hat sein *Journal* seinen Roman überlebt. Einen weiteren hat er nicht geschrieben.«

»Gar zu stiller Weihnachtstag: niemand hat uns eingeladen.« So schreibt Klaus Mann Ende 1937 in Hollywood in sein Tagebuch. Und zu Silvester: »... Kriegsjahr? Vor-Kriegs-Jahr? Beides.« Vier Bände seiner selbstkritischen, sensiblen und politisch klugen und hellsichtigen Tagebücher sind bereits erschienen.[45]

Unter dem 26. Dezember 1939 lesen wir: »So allein – wie soll man das schaffen ...!?«

Klaus Mann ist auch an den anderen Toten gestorben.

29. Juni 1940: »Auch Selbstmorde wird es wieder geben.«

Zum Selbstmord des Holländers Menno ter Braak: »Den Triumph der Barbarei ertrug er nicht.«

12. Juli 1940: »Neue Selbstmord-Epidemie. Ernst Weiss gehört zu den Opfern ... Auch Walter Hasenclever hat sich umgebracht ... Und Walter Benjamin ... Wieviel Verluste! Wird die deutsche Literatur sich von diesem grausigen Aderlaß je erholen?« Nach dem Selbstmord Stefan Zweigs am 23. Februar 1942: »Der Krieg, Triumph der Barbarei, Durchbruch zerstörerischer Urinstinkte! Dem Humanisten graut. Ist dies noch seine Welt?«

Seine Lebenskraft wird immer schwächer. Trotz seines Entschlusses, in der amerikanischen Armee mitzukämpfen, sinkt er immer tiefer in Traurigkeit. Er notiert zunehmend Todeswünsche, am Ende hat er ihnen nachgegeben und sich umgebracht.[46]

Bis heute hat das politische Tagebuch seine Wirkung nicht verloren. Vielmehr stoßen diese zeitkritischen Versuche, auf sehr verschiedenen Wegen ein politisches Zeugnis der Zeit abzulegen, auf wachsendes Interesse: Klemperer zum Beispiel wurde ein Bestseller. Berühmt geworden sind das *Ostpreußische Tagebuch. Aufzeichnungen eines Arztes aus den Jahren 1945–1947* von Hans Graf von Lehndorff[47] und das Tagebuch Harry Graf Kesslers, des Diplomaten, Schriftstellers und Mäzens, eines gebildeten Chronisten seiner Zeit, der ihr politisches, künstlerisches und gesellschaftliches Leben gleichermaßen überblickte und sich als Präsident der »Friedensgesellschaft« um eine Verständigung der Völker bemühte. 32 Tagebücher sind von ihm erhalten, schmale, saffiangebundene Taschenbücher, in die er zunächst mit Bleistift, dann mit Tinte seine Eintragungen machte; mit Zeitungsausschnitten über politische Ereignisse, Visitenkarten, Programmen oder Mitgliedskarten garniert, Inhaltsangaben von Reden oder Gerüchten, politischen Berichten, Informationen. Er hat uns seine Sicht vom 9. November 1918 überliefert, vom Spartakusaufstand in Berlin oder der Räterepublik in München, von Einstein, Maillol, Josephine Baker, Hofmannsthal oder von meinem Vater Arnolt Bronnen.[48]

»Hat dich seine Kritik an deinem Vater verletzt?« fragt Eva.

»Sehr«, sage ich. »Noch mehr als manche andere, da sie von diesem außergewöhnlich Gebildeten und Gerechten kam, einem Mann, dessen Sinn fürs Echte und dessen Glaubwürdigkeit für mich außer Zweifel stehen.«

»Und was hat das für dich bewirkt? All diese kritischen Stimmen? Denn Kessler war ja bei weitem nicht der einzige.«

»Erst eine große Angst, sprich politische Unverbindlichkeit. Zwar habe ich Anteil genommen, aber mich lange Zeit letztlich enthalten, ich habe wirkliches Engagement nicht zugelassen. Der Triumph der Verdrängung.«

»Aber da hast du noch nicht geschrieben.«

»Nein. Was für eine Schriftstellerin wäre ich da gewesen!«

Luise Rinser habe ich 1967 auf der Buchmesse kennengelernt, wir sammelten Unterschriften von Autoren, die für Gefangene Bücher spenden wollten. Dabei hat sie mir erzählt, daß sie auf den Rand des Zeitungspapiers ihr *Gefängnistagebuch* gekritzelt hat [49]. Erich Kästner hatte sein Berliner Tagebuch, sein *Notabene 45*, als Blindband in seiner Bibliothek versteckt, ein bewegendes Dokument seiner Zeugenschaft. Es war ein unauffällig in blaues Leinen gebundener Blindband, sein »Notizbuch für verfängliche Dinge«. Er hatte es zusammen mit Waschbeutel, Taschenlampe und Sparbuch in der Aktentasche verborgen, die er seit den Bombenangriffen nie mehr aus den Händen ließ. Jetzt erst wurde das Tagebuch im Nachlaß der Lebensgefährtin Luiselotte Enderle vom Nachlaßverwalter in einer der Kisten gefunden. Ein offenes Buch mit sieben Siegeln, denn Kästner, ein Liebhaber der Stenographie, hat sorgfältig verkürzt, was er für verfänglich hielt. So vortrefflich, daß es kaum zu entschlüsseln ist. Besonders neugierig ist die Forschung auf die Notizen aus den Jahren 1941 und 1943, als der von den Nazis Verbotene und wegen »Zersetzung« Verfemte dennoch unter falschem Namen weiterschrieb.

Unsere letzten Lücken in Joseph Goebbels' Tagebuch konnten wir erst 1992 schließen, als man in Moskau seine Aufzeichnungen fand, die mehr als 70 000 Blatt umfassen. In England kam es angesichts der Ankündigung der *Sunday Times*, unbekannte Passagen zu veröffentlichen, zu wütenden Protesten, schließlich beauftragte man den Oxforder Historiker Norman Stone, die Texte zu prüfen und zu kommentieren. David Irving, dem rechtslastigen britischen Autor, der die Auschwitz-Lüge propagiert hatte, überließ man es, die Texte zu übersetzen und auszuwählen, er konnte also weglassen, was ihm nicht zusagte.

Im Gegensatz zu den gefälschten Hitler-Tagebüchern sind Goebbels' Tagebücher zwar echt, aber es sind die Tagebücher eines notorischen Lügners und deshalb mit Vorsicht zu genießen. Eine wissenschaftlich korrekte Version ist jedoch vor 1997 nicht zu erwarten.

Als am Abend des 24. April 1974 die Nachricht von der Enttarnung des Kanzleramtsspions Guillaume über die Nachrichtenagenturen verbreitet wurde, hat Willy Brandt vielleicht gerade Aufzeichnungen gemacht. Am 7. Mai reichte er seinen Rücktritt ein. Über jene dramatischen Tage hat er später reflektiert, nachdem er die erste Bitterkeit über seinen Sturz verwunden hatte. Dreiundvierzig handschriftliche Seiten, die *Notizen zum Fall G*, sind uns so erhalten geblieben, die von Brandts Ende als Repräsentant einer wesentlichen Ära deutscher Nachkriegsgeschichte handeln.

Nach seinen Notizen zu schließen, vermutete Brandt einen Bezug seiner Geheimdiplomatie zum Fall Guillaume, dessen unerwartete Entwicklung zur Regierungskrise er Tag für Tag festhielt: auch das ein, wenn auch knappes, Tagebuch, ein zeitgeschichtlich bedeutsames Dokument.

Eine »Geschichte aus dem größten Konzentrationslager der Welt« nennt der bosnische Journalist Zlatko Dizdorević, leitender Redakteur der bosnischen Zeitung »Oslobodenje«, seine Alltagsprotokolle in seinen *Kriegstagebüchern*, Beobachtungen aus der bosnischen Hauptstadt Sarajevo, die er über zwei Jahre lang festhielt. Zufallsbegegnungen in einer eingeschlossenen Stadt, die zuerst in Split in der Zeitung »Slobodna Dalmacija« erschienen sind. 1993 wurden sie ins Französische, ins Italienische und Amerikanische übersetzt, jedoch nicht ins Deutsche.

William L. Shirer, dem amerikanischen Korrespondenten im Vorkriegs-Berlin, erging es ähnlich: Er mußte ein halbes Jahrhundert warten, ehe sein *Berliner Tagebuch*, inzwischen in 18 Sprachen übersetzt, endlich erschien. CBC-Mitarbeiter seit 1934, nahm er jene Aufzeichnungen, die er in seinen Sendungen nicht hatte bringen dürfen, in zwei Metallkoffern mit, als er nach sechs Jahren Berlin verließ. Sein *Berlin Diary*, 1941 erschienen, prägte, ähnlich wie Chaplins »Diktator«, das Deutschland-Bild. Als Shirer 1945 abermals nach Berlin zurückkehrte, beschrieb er die zerstörte Stadt als »eine riesige Wüste, wo einst die stolze Hauptstadt eines Regimes stand, von dem Hitler tönte, es würde tausend Jahre dauern«.[50]

Berliner Aufzeichnungen 1942–45 heißen die aufwühlenden Tagebücher Ursula von Kardorffs, die wach und voll Sorge vom Kriegsalltag in der Hauptstadt des »Großdeutschen Reiches« berichtet.[51]

»Der Körper ist eingesperrt,/aber der Geist entkommt«: So lautet das Titelgedicht zu Ho Tschi Minhs *Gefängnistagebuch*, das er 1942, von der Kuomintang-

Gruppe eingesperrt, in der Gefangenschaft schrieb. In den »Lyrischen Heften« 1968 erschienen, wurde es zur Bibel einer ganzen Generation.

Dzevad Karahasan, Schriftsteller aus Sarajevo und ehemaliger Dekan der dortigen Akademie der Künste, schrieb sein Dokument einer unfreiwilligen Flucht aus dem Kessel und einen Abgesang auf seine multikulturelle Heimat: *Tagebuch der Aussiedlung*, das Buch ist noch nicht erschienen.

Yanki Acci, eine arabische Türkin, die in Deutschland groß geworden ist, führte für sich selbst Tagebuch. Sie hat 1991 in der Türkei damit begonnen, als sie fünfzehn war und in einem Dorf an der syrischen Grenze wohnte, wo sie im Heimaturlaub verheiratet werden sollte.

Nach der verweigerten Heirat sollte sie zunächst zur Strafe in der Türkei bleiben; sie kämpfte dafür, wieder nach Deutschland zurückzukehren. Hier schob man sie in ein Heim ab.

Walter Kempowski

An einem Winterabend des Jahres 1950 wurde ich in Bautzen über den Gefängnishof geführt, und da hörte ich ein eigenartiges Summen. Der Polizist sagte: »Das sind Ihre Kameraden in den Zellen, die erzählen sich was.« Ich begriff in diesem Augenblick, daß aus dem Gefängnis nun schon seit Jahren ein babylonischer Chorus ausgesendet wurde, ohne daß ihn jemand wahr-

genommen oder gar entschlüsselt hätte, und es wurde mir bewußt, daß ich der einzige Zuhörer war: ein kleiner Häftling und zwar für knappe zwei Minuten.

Jahre später, als ich in Göttingen studierte, sah ich einen Haufen Fotos und Briefe auf der Straße liegen, die Menschen traten darauf: es war die letzte Hinterlassenschaft eines gefallenen Soldaten, Fotos aus Rußland und Briefe an seine Braut. Das gab mir einen Stich, und ich sammelte die Sachen ein.

Wir sollten den Alten nicht den Mund zuhalten, wenn sie uns etwas erzählen wollen, und wir dürfen ihre Tagebücher nicht in den Sperrmüll geben, denn sie sind an uns gerichtet – die Erfahrungen ganzer Generationen zu vernichten, diese Verschwendung, können wir uns nicht leisten. Wir müssen uns bücken und aufheben, was nicht vergessen werden darf: Es ist unsere Geschichte, die da verhandelt wird.

Die Stimmen der Häftlinge in Bautzen können wir nicht zurückholen, sie sind verweht, und die Toten behalten ihre letzte Erfahrung für sich, aber ihre überall deponierten Mitteilungen können wir aufnehmen und entschlüsseln, darauf dürfen wir nicht verzichten.[52]

So schreibt Walter Kempowski in seiner Einleitung zu seinem gigantischen Unternehmen *Das Echolot*, das er *Ein kollektives Tagebuch* nennt. Von der Aufgabe, zu retten, was zu retten ist, wie besessen, hat er alles zusammengetragen, gesichtet und geordnet und diese Texte – Auszüge aus Tagebüchern, Briefen, Aufzeichnungen und Dokumenten – zu einem einzigen Text, einem großen Dialog geformt, hat Gut und Böse, Gewalt und heroische Widerstandskraft, Machtgier und unbegreifliche Verzweiflung in einer einzigartigen Kraftanstrengung zusammengetragen. Auf eine literarische Entsprechung hat Kempowski verzichtet. Ein Irrglauben jedoch, dem manche Kritiker erlegen sind, die Realität greife tiefer und das Thema sei zu groß, als daß Literatur es allein hätte zusammenfassen können. Eine Riesen-Collage von dreitausend Seiten ist so entstanden, die all unsere Gefühle mobilisiert und aus der Tiefe holt, von Verständnis und Trauer bis zu Ekel und Verachtung, die aber in der Massierung auch abstumpfen läßt.

Kempowski hat das Jahr 1943 gewählt, und in Zeugnissen zweier Monate, Januar und Februar, ordnend gebändigt, hat die Hybris des militärischen und temporalen Denkens festgehalten, die im Massengrab von Stalingrad ihre schauerliche Niederlage findet, in Eisstürmen, Hunger und Tod, in der verlogenen Mitteilung mündend: »Ihr Sohn ist leider für Führer, Volk und Vaterland gefallen.«

Es sind durchwegs die Schicksalslinien des sogenannten kleinen Mannes, des Menschen von nebenan, gegen die er »offizielles« Material montiert, Befehle des Führers, Tagebuchauszüge von Goebbels, Brecht, Jünger oder Thomas Mann, Kino- und Theaterprogramme, Funkbotschaften aus Stalingrad, Briefe an Vater und Mutter aus dem Feld, Kriegsprotokolle, Aufzeichnungen der Geschwister Scholl und von Willi Graf.

Heinrich Himmler

Mittwoch, 13. Januar 1943

Notizen

9	*aufgestanden*
10	*gearbeitet*
12	*Ankunft Großgarten [?]*
12.30	*Suchaneck*
13.10	*[unleserl.] gefallen*
15.00-16.30	*gearbeitet*
20	*mit Lammers Abendgegessen*

Telefongespräche

12.45	*SS Stbf.Baumert, Berlin – Fliegermeldungen. – Ruhrgebiet, Rechnung der Weihnachtsgeschenke 1942*
13.20	*SS OGr.F. v.W. Dresden – General Schroth ist abgelöst. Verhalten Min. Fritsch*
15.15	*SS OGr.F. Wolff, Berlin – Aufstellung der beiden neuen SS Divisionen, Führer wünscht größte Eile*
16.30	*Gmund – Püppi*
18.15	*Reichsleiter Bormann, W.Sch. – Arbeitseinsatz*

Danuta Czech

Mit einem Transport des RSHA aus Berlin sind 1000 jüdische Männer, Frauen und Kinder eingetroffen. Nach

der Selektion werden 873 Menschen in den Gaskammern getötet.
Mit einem Transport des RSHA aus Holland sind 750 Juden aus dem Lager Westerbork eingetroffen. Nach der Selektion werden 561 Menschen in den Gaskammern getötet.
Mit einem Transport des RSHA aus dem Ghetto in Zambrów sind etwa 2000 jüdische Männer, Frauen und Kinder eingetroffen. Nach der Selektion werden etwa 1802 Menschen in den Gaskammern getötet.
Der polnische politische Häftling Jan Poloczek wird auf der Flucht aus dem Lager Birkenau gefaßt und in den Bunker von Block 11 eingeliefert. Er wird am 9. Februar erschossen.
In der Leichenhalle des Stammlagers werden die Leichen von 103 Häftlingen eingeliefert; 13 Tote stammen aus dem Nebenlager Buna.[53]

Wie in einem Brennglas zeigt sich das Schicksal eines ganzen Volkes in dieser Montage, seine Verblendung wie seine Anmaßung und seine Dummheit konzentrieren sich in geschriebener Sprache.

Von einer Reise durch dieses Buch kehren wir stumm zurück, und so leicht gehen wir nicht zur Tagesordnung über. Kempowski hat uns die Gleichzeitigkeit des Schrecklichen und des Banalen, des Zynischen und der Verzweiflung nahegebracht: Alles geschieht auf einmal.

Der Fernsehdokumentarfilmer Heinrich Breloer hat Auszüge aus Tagebüchern zur Grundlage einer Fernsehserie gemacht und auch als Buch *Mein Tagebuch. Geschichten vom Überleben 1939–1947*[54] veröffentlicht, er hat in ihnen ein Stück »Volksvergnügen« artikuliert. Briefe und Aufzeichnungen von Menschen, die in Wochenschaufilmen allenfalls als Wirkende in der Menge zu sehen sind, treten aus ihrer Anonymität heraus.

Seine Neugierde hat Breloer zu dieser Arbeit angeregt. Er wollte mehr über seine Eltern wissen, über Augenblicke ihres Lebens, da, wo ihr eigenes Handeln im Tagebuch seinen Widerspruch findet. Wollte wissen, wie es ihnen ging, als man nicht mehr äußern konnte, was man dachte, wissen, mit welchen Versprechungen Hitler eine ganze Generation für sich gewinnen konnte.

Film wie Buch erzählen von den »Männern an der Front«, den »Frauen zu Hause«, von »Gefangenschaft und Flucht«, von »Deutschland 1945« und »Das Erbe«. Im Kapitel »Tagebuch der Gefühle« versucht Breloer, einen Schritt weiter als der Archivar Kempowski zu gehen: Er gibt den 25. April 1980 in Nachrichten und Tagebuchnotizen wieder, jenen Tag, an dem der Versuch der Amerikaner, die Geiseln in Teheran zu befreien, gescheitert ist, und will zeigen, wie sich dies in unserem Bewußtsein heute widerspiegelt.

Breloer legt den Finger auf die Wunde und versucht herauszubekommen, ob der einzelne Zusammenhänge herstellen kann zwischen dem reinen Nachrichtenfakt und der unmittelbaren Bedrohung durch Krieg. Entscheidend, so unser Fazit nach der Lektüre, ist nicht, daß wir selbst dabei waren und unmittelbar erlebt haben, sondern allein der betroffene Blick. Die einzig notwendige Voraussetzung dafür, um vor unserem Gewissen auch wirklich bestehen zu können.

Breloer findet seine Geschichte in den Familien, Geschichten, die sonst nie erzählt werden: »Tagebücher erzählen auch die Geschichte von einem zweiten, geheimen Leben: Sätze, die man den Eltern nicht ins Gesicht sagen kann, Lebensentwürfe, die maßlos erscheinen, Hintergedanken, die für die Menschen, mit denen man zusammenleben will, zu verletzend sind, als daß man sie einfach aussprechen kann.«[55]

Entlastung vom Druck des Ungesagten. Wer Tagebuch schreibt, so Breloer, ist für die große Anpassung ungeeignet.

Heinrich Breloer, der für seine Serie »Mein Tagebuch« den Adolf-Grimme-Preis erhielt, hat uns damit einen Weg gezeigt, wie sich auch das Medium Fernsehen das Tagebuch erschließen kann, einen Weg, den uns Eberhard Fechner mit seinem »Nachruf auf Clara Heydebreek« bereits vorbereitet hat. Photographien, Einfälle, Zeichnungen, Träume, Karikaturen, Zeitungsartikel und Briefe, Einfälle, Liebeserklärungen und Racheschwüre – »alles, was zwischen den Deckel einer Kladde paßt«, wird festgehalten und im Film gegeneinandergeschnitten, »so ungeordnet und vermengt, wie das Leben auf uns alle zukommt«.

Die ersten Eintragungen Erich Mühsams in sein Tagebuch[56] sind noch zaghaft und fragend: Wie intim sollte es werden, sollte er für sich oder für andere schreiben? Doch bald läßt er diese Bedenken fahren und schreibt einfach drauflos. Aus seinem Bohème-Leben, von seinen bedeutenden Freunden Heinrich Mann, Peter Hille oder Frank Wedekind – und immer wieder von den Damen, die er schätzte. Unsystematische Betrachtungen sind so entstanden, die sich äußerst lebendig lesen, ob er nun von seiner Festungshaft berichtet, die er als Rädelsführer der Münchner Räterepublik absaß, oder von seiner Außenseiterrolle als Literat: »Ob sich in 80 oder 100 Jahren mal jemand findet, der meine Tagebücher der öffentlichen Mitteilung für wert hält« – das hat er sich allen Ernstes gefragt.

Ein neues Kapitel der deutschen Tagebuchschreibung eröffnete der Fall der Mauer. Thomas Rosenlöcher, Jens Reich, Jürgen Kuczynski, Adolf Endler und viele andere haben die DDR-Welt und die Wende in ihren Tagebüchern festgehalten und uns so authentisches Material geliefert.

Tarzan am Prenzlauer Berg nennt der Schriftsteller Adolf Endler seine »Sudelblätter« aus den Jahren 1981 bis 1983, ein nach Stichworten geordnetes Tagebuch, das in die DDR-Welt der achtziger Jahre zurückführt, in Hinterhöfe, Keller und verfallene Häuser, in den kulturellen Untergrund.

»Tagebuch eines Jahres« heißt der Band von Reiner Kunze, der 1993 unter dem Titel *Am Sonnenhang*[57] erschienen ist. Kunze, der bereits 16 Jahre zuvor ein Buch mit tagebuchartiger Prosa, *Die wunderbaren Jahre*, vorlegte und der 1977 in den Westen emigriert war, schreibt hier »Erlebtes, Erinnertes, Übersetztes, Gesagtes und Verschwiegenes« aus dem Jahr 1977: »Wir können unsere Biographie nicht im nachhinein korrigieren. Nur erwarte man nicht immer den öffentlichen

Kniefall. Es gibt stumme Scham, die beredter ist als jede Rede – zuweilen ehrlicher.«[58]

Unsere Haut – Tagebücher von Frauen aus dem Herbst 1990 sind von drei Frauen herausgegeben worden: Irene Dölling, Adelheid Kuhley-Oehlert und Gabriela Seibt. Ein Versuch, das historische Ereignis der Wende aus der Perspektive einzelner Frauen darzustellen, einer 16jährigen Schülerin, einer 49jährigen Arbeiterin, einer 35jährigen Physiotherapeutin und einer 51jährigen Lehrerin: »Warum ich noch immer so verklemmt bin, mich nicht richtig freuen kann, ist schwer zu erklären. Bin ich doch nicht so impulsiv, initiativ, so zukunftsorientiert wie ich und andere glauben?«[59]

In den politischen Tagebüchern gehen die historischen Augenblicke nicht unbemerkt vonstatten. Es wäre zu wünschen, daß viel mehr Menschen diese Tagebücher läsen, um die unfaßbaren Auswirkungen der Inhumanität nicht zu vergessen, ob Krieg, Staatsstreich, Attentat, Gesetzesbeschluß oder Atombombentest. Politische Tagebücher schulen das Gedächtnis der Verfolger wie der Verfolgten, die nicht selten – wir erfuhren es bei dem Nürnberger Militärtribunal ebenso wie bei den Verfahren gegen Honecker und Konsorten – dem Prozeß der Verdrängung ausgesetzt sind. Und sie festigen die Erinnerung jener, die sich schuldlos mit der historischen und politischen Vergangenheit auseinandersetzen müssen, der Jugend, um weiterhin auf sie hoffen zu können.

Was bleibt uns anderes, als uns immer wieder zu erinnern? Uns immer wieder umzuwenden und uns anzusehen, mit stockendem Atem?

Doch genau das ist es, was zunehmend unserer Presse, unseren Medien und damit uns Deutschen verlorengeht: der Sinn für Zusammenhänge, der keineswegs nur im Politischen weggebrochen ist, sondern ebenso im literarischen und religiösen Bereich. Darauf hat unlängst Albrecht Schöne, emeritierter Literaturprofessor der Universität Göttingen, in seiner Dankesrede bei der Verleihung des Reuchlin-Preises hingewiesen: »Was da wegbricht im kulturellen Fundament und verlorengeht an Kollektivem, die Generationen übergreifenden Verständigungsgrund- und Verstehensfähigkeiten, betrifft ja keineswegs nur die großen alten Werke. Es gilt nicht weniger für die Tagebücher unserer Urgroßväter oder die Großmutterbriefe. Und es reicht weit hinein auch in unsere zeitgenössische Literatur …« Verloren geht die Fähigkeit zu sehen, daß zwischen den Diaristen, die am Kaiserhof ihr Individuelles verteidigten, und den Bürgern zur Zeit der Französischen Revolution ebenso wie den Verfolgten des Hitlerregimes ein Zusammenhang besteht. Zwischen dem gleichgültigen Verhalten unserer Eltern Hitler gegenüber und den Selektionen auf der Rampe von Auschwitz. Unser Schulterzucken angesichts geschändeter Synagogen, angezündeter Häuser, in denen Türken lebten, und verbrannter Menschen macht uns zu Mitschuldigen, unsere Passivität gegenüber einem Innenminister, der den rapiden Einwandererschwund als Erfolgsmeldung formuliert. Unser ausbleibender Protest angesichts oberflächlicher Medien, die durch die flinkforsche Weitergabe dieser Meldungen ihre offene Zustimmung zu einem ausgrenzenden Gesetz verkünden. Unsere stille Bejahung dieses Regierungsprogramms durch die Wähler, unser Einverständnis mit der zynischen Sicherheit unseres Staatsoberhaupts.

Denn in allen diesen Fällen geht es immer um Menschenverachtung und Unterjochung, um unverhohlenes Machtstreben und schließlich Menschenvernichtung, nur möglich, weil die passive Mehrheit nicht dagegen protestiert. Was heute zu Ende geführt wird, hat lange zuvor begonnen.

IX.
Tagebücher und das Ich

Der Nachmittag, die kurze Pause, in der wir beide ins Hotel gehen, um uns auszuruhen, haben eine Schärfe und Klarheit, die sich mir tief und nachhaltig einprägt. Im Hotel ist es ruhig, die Italiener liegen im Siestaschlaf. Ventilatoren summen, eine Fliege umkreist mein Gesicht. Plötzlich sehe ich mich selbst, wie ich da Tagebuch schreibe, gleichsam aus der Ferne an, mit jenem distanzierten Blick, als nähme ich mich zum ersten Mal wahr: mein Bild im Spiegel vor mir an der Wand, wie ich über mich selbst schreibe, um Aufrichtigkeit bemüht, ungeschminkt, mit mir selbst allein. Das Ich, wie es in meiner Wahrnehmung in den Bodensatz meines Schreibens sinkt und sich von mir absondert. Da sind all meine Erinnerungen, und da ist das Leben, das ich lebe, und immer, wenn ich in mein Tagebuch schreibe, erhebe ich mich aus der schläfrigen Selbstvergessenheit meines Lebens und wache auf, immer wieder, bis endgültiges Vergessen sich über mich senkt.

Ich schreibe auf, was ich denke: daß Evas Schmerz wie der Schmerz eines Kindes nach dem Aufwachen ist. Sie hat die Unschuld ihres Lebens zu zweit verloren, die naive Gläubigkeit an Beschütztsein und Behütetsein.

Sie empfindet seinen Weggang als einen Zerfall ihres Raums, der sie bisher so liebevoll umgeben hat. Jeden

Tag verliert die einsam Gewordene ein wenig mehr von ihrer zuvor bewohnten Welt und muß versuchen, sich neu anzusiedeln. Noch ist alles unverwurzelt und verschwommen und bietet keine Sicherheit und Zuflucht.

Ich weiß, daß sie nebenan darüber schreibt.

»Das Bekenntnisbuch, das Zwiegespräch mit sich selbst gehört der Zeit des Erwachens, der ersten heftigen Berührung mit der Außenwelt an. Wer in späteren Jahren Tagebuch schreibt, tut es, um etwas im Gedächtnis zu behalten, und es wird ihm dieses Tagebuch ganz von selbst zum Vorratsspeicher, zur Kammer, in der er seine Schätze birgt. Gestern jenes, heute dieses wahrgenommen, wichtig genommen, das darf doch nicht verlorengehen, darf doch nicht weggespült werden von neuen Eindrücken, es war für mich bestimmt.« Das schreibt Marie Luise Kaschnitz in *Das Tagebuch und der moderne Autor*[60].

In Zeiten großer Verlorenheit versuchen, sich mittels Tagebuch wiederzufinden.

»Schade, daß meine Mutter nie Tagebuch geschrieben hat«, meint Eva, als wir uns in der Halle treffen, »denn sie ist früh gestorben, und nichts, kein Brief, keine Notiz hat sie überdauert. Sie hat alles Persönliche verbrannt. So gibt es nur Legenden, doch kein einziges charakteristisches Detail. Ich kann sie nur schwer erkennen.« Sie versinkt in Schweigen.

»Ich dafür kann meinen Vater in seinen Aufzeichnungen nicht finden«, sage ich. »Zwar hat er das Protokoll seines Lebens hinterlassen, doch das, was er berichtet, immer wieder durch Zwischenpassagen in Frage gestellt und korrigiert. Es hat mich immer bedrückt, daß damit so vieles offengeblieben ist.«

»Trotzdem«, sagt sie, »er hat es versucht. Du hast Anhaltspunkte und kannst zwischen den Zeilen lesen. Außerdem verstehe ich, daß man vieles aus seinem Leben nicht eindeutig berichten kann, bei dieser Zweideutigkeit unserer Vergangenheit, ihrer Zerrissenheit.«

»Wenn ich es recht bedenke, stamme ich rundum von Tagebuchschreibern ab. Ich schreibe Tagebuch, mein Sohn, mein Vater, meine beiden Großväter.«

»Was hat denn der Vater deines Vaters geschrieben?«

»Schöne Geschichten: vom Urgroßvater, dem Rabbi. Schieche Geschichten: daß er der Urgroßvater nicht ist. Die Fähigkeit meiner Väter zu verschleiern war offenbar hoch entwickelt.«

Wir erinnern uns beide an Dürrenmatt, den wir kannten, der für Tagebücher nur Spott übrig hatte, weil er sich selbst nicht für kostbar hielt: »Es ist immer wieder von irgendjemandem versucht worden, sein eigenes Leben zu beschreiben. Ich halte das Unterfangen für unmöglich, wenn auch verständlich. Je älter man wird, desto stärker der Wunsch, Bilanz zu ziehen. Der Tod rückt näher, das Leben verflüchtigt sich. Indem es sich verflüchtigt, will man es gestalten; indem man es gestaltet, verfälscht man es: So kommen die falschen Bilanzen zusammen, die wir Lebensbeschreibungen nennen.«

»Es ist schwer, nicht zu verfälschen«, sage ich. »Ich habe immer wieder Angst, mich so zu sehen, wie ich bin. Schwer, nicht nur die eigenen Fehler, sondern auch die Gründe dafür zu finden und die Anzeichen zu erkennen.«

»Ich habe gerade die ersten Seiten in meinem Tagebuch geschrieben«, sagt Eva leise, »es ist ein Brief. Du hast recht, so fällt es mir leichter. Dabei habe ich den Brief noch einmal gelesen, den er mir zum Abschied geschrieben hat.«

»Du hast ihn mit?«

»Ich führe ihn immer mit mir und lese ihn dann, wenn ich mit ihm sprechen will. Dabei ist mir vieles auf- und eingefallen …«

»Ja, und was?«

»Zuerst seine Schrift.«

Nun bin ich doch überrascht, sage aber nichts.

»Wie harmonisch sie ist, wie ausgeglichen, wie offen und bereit, den Dialog aufzunehmen. Ich habe es richtig gefühlt, diesen Fluß innerer Energie, wie er auf mich übergeht und mich beruhigt. Dagegen meine Schrift! Abgelenkt und abgehackt, in sich eingerollt. Ich habe die Unordnung, die in mir ist, förmlich gesehen. Übrigens, ich muß mir einen Füller kaufen. Mit dem Kugelschreiber geht es nicht.«

»Gut«, sage ich.

Meine Schrift ist nicht häßlich, sie ist lang und breit und groß. Zeitweise, wenn ich mich nicht gut fühle, schreibe ich schnell und schlecht, schief und unregelmäßig.

Mein Sohn hatte das Glück, eine hervorragende Volksschullehrerin zu haben, die ihm nicht nur eine schöne Schrift, sondern mit dem Schreiben auch das Lernen beigebracht hat, indem sie unnachsichtig forderte, jeden I-Punkt, jede Rundung des »Spazierstocks« J, jedes Wort bis zur auslaufenden Linie und schließlich mit dem Punkt den Satz zu Ende zu führen, und dauerte es noch so lange. So hat sie ihn seine Gedanken zu Ende führen gelehrt. Und später, als sie die Schlingen übten und damit versuchten, die einzelnen Buchstaben miteinander zu verbinden, ist sie ihrer Lehrerinnen-Aufgabe weiterhin gerecht geworden, indem ihr das Kunststück gelang, ihn durch die Schrift mit sich selbst zu verbinden, ein erster Schritt zum Selbstbewußtsein. Bei mir waren lange Zeit Gefühl und Verstand noch zwei Parallelen, die nicht zueinander führten.

Wir gehen durch die kleine Straße und müssen lächeln angesichts eines Mannes, der sich, kaum hat er uns wahrgenommen, mit dem Kamm durch die Haare fährt, in der Fensterscheibe sein Abbild überprüft und uns dann folgt, mit jener südlichen Selbstverständlichkeit, hinter der sich eine zweifelhafte männliche Sicherheit veschanzt. Erneut machen wir vor dem einzigen Schreibwarengeschäft halt, in dem wir das Tagebuch kauften, und betrachten die ausgestellten Füllfedern.

»Der ist schön«, sagt Eva und weist auf einen schmalen Füller, grün marmoriert und mit einem feinen Ring aus Gold, »paßt genau zum Tagebuch.« Das dünne Federchen entlockt mir ein Brummen.

»Mir wäre sie zu schmal.« Ich fahre mit dem Zeigefinger der Linken über die Hornhaut an meinem Schreibfinger.

»Warum?«

»Ich brauche einen dicken Füller, der fest und rund in meiner Hand liegt, sonst verursacht mir das Schmerzen.«

Nun müssen wir beide lachen. Jetzt empfinde ich die Wärme, die schräger werdenden Sonnenstrahlen und den Duft nach kühler Feuchtigkeit, den der Abend bringt. Der Himmel färbt sich ein wenig dunkler, im Westen fast auberginenfarben, das Licht wird rötlich und macht unsere Gesichter tiefbraun.

»Bernd hat in seiner Wohnung ein kleines Zimmer, von oben bis unten mit seinem Archiv, seinen Korrespondenzen und seinen Tagebüchern gefüllt. Er schreibt Tagebuch seit seinem sechzehnten Lebensjahr«, sage ich. »Seine Briefe aus dem Krieg hat er nie wieder zu lesen gewagt, aus Angst vor sich selbst, dem, der er damals war. Seine Kriegstagebücher sind erst auf Klopapier, später, in der Gefangenschaft, in kleine Schulhefte geschrieben. Übrigens ist seine Schrift ausgewogen, rund und breit, voll Schwung und Kraft. Ich mag sie sehr, und wenn ich sie sehe, schlägt mein Herz kräftiger. Sie gibt mir Halt und Sicherheit.«

In ihrem Blick ist etwas, das mich zur Vorsicht mahnt, und ich spreche rasch weiter, als könne ich so das Gesagte vergessen machen: »In der Schrift liegt etwas Erstaunliches. Ich erinnere mich noch, als ich zum ersten Mal einen Satz in der Schule in mein Heft geschrieben hatte. Da entdeckte ich meine Hand, die schrieb, die sonst ganz zu mir gehörte, wie ein außenstehendes Ding, ein anderes Wesen. Sie war ein Teil von mir und gehörte doch in meine Umgebung, der sie ihre Zeichen aufdrückte. Die Verbindung zwischen mir und der sich bewegenden Hand schien mir für einen Augenblick zu entgehen. Sie war selbsttätig. Es war nur ein Moment, aber ich habe ihn behalten. Gleich darauf hat sich meine Hand wieder mit mir verbunden, und das Innere und das Äußere wuchsen wieder zusammen.«

»Seltsam, eine solche Empfindung kenne ich auch«, sagt sie, »ich hatte sie erst heute. So fremd war mir plötzlich meine schreibende Hand, als gehörte sie nicht zu mir.«

»Im Märchen gibt es dieses Motiv: Wenn man einem Kind sein Abbild im Spiegel zeigt, wächst es nicht mehr.«

»Die Furcht der Schwarzen, als der Weiße mit dem Photoapparat kam: Sie verdeckten mit der Hand ihr Gesicht, sie wandten sich ab. Jemand könnte sich ihrer Seele bemächtigen und ihr Unheil zufügen. Übrigens eine Angst, die ich auch beim Tagebuchschreiben fühle.«

»Die habe ich auch. Ab und zu habe ich mein Abbild im Tagebuch gehaßt. Ich wollte es nicht wahrhaben, daß ich das bin, die so ist. Zwei Tagebücher habe ich deshalb verbrannt. Ich wollte diesem vergangenen Ich nicht mehr ins Auge sehen, überzeugt, eine andere geworden zu sein.«

»Die Furcht vor Spuren, Abdrücken, Abbildern, ein fremder Blick.« Sie sieht sich um, weil sie etwas im Rücken fühlt: ihr sechster Sinn, die Auswirkung einer noch zu erforschenden Kraft. Da steht der Italiener, an die Hauswand gegenüber gelehnt, und blickt uns unverwandt an.

»Die Angst, so zu bleiben, wie unser Spiegelbild ist: Es ist tot, es kann nicht mehr wachsen. Zauber und Bann. Etwas so Unerklärliches wie mein Phantomschmerz: Mit seinem Tode hat man mich amputiert. Selbsthaß und Narzißmus. All das.«

»Dennoch beginnt so das bewußte Leben. Das Baby,

das sich immer wieder im Spiegel betrachtet. Die Katze, die immer wieder mit der Schnauze gegen ihr Spiegelbild stößt. Anders können wir nicht anfangen, uns zu betrachten. Zu lernen, daß wir das sind, was wir sehen. Wenn wir geboren werden, sprechen wir mit unseren Fingern und Zehen, unserem Körper. Wenn wir sterben, sprechen wir mit unserer Seele.«

Wir halten verschiedene Federn in der Hand und ziehen ihre Spur übers Papier. Ich hemme den Lauf meiner Feder nicht und schreibe »So bin ich«, setze nach einer Weile hinzu: »So will ich sein.« Das Papier nimmt alles auf, was ich über mich weiß. Das, was ich zu verbergen trachte ebenso wie das, was ich dazuerfinde. Sich stellen, sich bloßlegen, Schreiben als Bekenntnis, um einen Sinn zu finden – die Herausforderung des Tagebuchschreibens.

»Ich habe Angst vor dem Dramatischen und Tragischen, das in mir ist«, sagt sie, »ohne es zu wollen, schiebe ich allem einen bestimmten, trauergefärbten Sinn unter. Alles führe ich auf seine Abwesenheit zurück ... Manchmal möchte ich von der Welt verschwinden und mich verstecken.«

Prüfend blicken wir auf das Wort »Sinn«, das sie niedergeschrieben hat und nun mit einem Fragezeichen versieht. Ich deute mir dieses Fragezeichen und lasse es in mir nachhallen. Als Kinder spielen wir gern Verstecken, nur, um uns stellen zu können, dann, wenn wir endlich entdeckt worden sind. Das Versteckspiel hat keinen anderen Sinn als den, uns zu verbergen. Erst viel später beginnen wir, uns zu verwandeln und zu kostümieren, Theater zu spielen, vom anderen angezogen, dem Gegensatz. So lernen wir auch, uns mit unseren

Worten zu tarnen und uns hinter ihnen zu verstecken, denn wir haben es gelernt, sie zu fürchten: Sie bringen Verletzung, Schmerz, Trennung und Tod.

Schließlich erstehen wir die grünmarmorierte Feder.

»Erinnerst du dich daran, was unser Professor über Zweig erzählte?« Eva und ich kennen uns seit dem gemeinsamen Germanistikstudium. »Zweig hat immer wieder mit dem Tagebuchschreiben aufgehört, wenn sich etwas zu wiederholen schien. Er war voll Gier, Neues zu erleben, und das Tagebuchführen als reine Gewohnheit hat ihn ermüdet, diese Monotonie. Sobald er seine Zeit als ›tot‹ empfindet, setzt er mit dem Schreiben aus und beginnt erst wieder, wenn sie ihm als ›grauenhaft lebendig‹ erscheint, wenn er also in der Krise ist und sich ihm der darin verborgene Sinn zu zeigen beginnt.«

»Er hat«, ich nicke, »Pausen bis zu dreizehn Jahren gemacht. Eine ganz eigene Rhythmik ist so entstanden. Auch die Pause gehört zum Rhythmus, hat er einmal geschrieben. Und immer wieder geht es bei ihm um Erinnern und Vergessen.«

Wir laufen durch die kleinen Gassen zurück zum Archiv und nehmen die breiten Treppen.

»Seltsam«, sagt Eva, »als ich meinen Brief zu schreiben begann, wußte ich noch gar nicht, was ich eigentlich schreiben wollte. Doch schon nach den ersten Sätzen – ich habe einfach mit irgend etwas begonnen – ist es mir nur so aus der Feder geflossen. Am Ende habe ich entdeckt, daß vieles von dem, was ich schrieb, weniger ihm als mir galt. Ich habe es als erleichternd empfunden, daß ich auf die Gefühle eines anderen nicht Rücksicht nehmen mußte. Das Schreiben hat mich von meinem Schmerz und meiner Einsamkeit fortgetragen.«

»Deine Einsamkeit besteht nur in deiner Einbildung. Du bist nicht einsam.«

»Ja und nein. Es gibt seine unsichtbare Gegenwart. Ich höre seine Stimme, sehe ihn vor mir, stelle mir vor, was er vielleicht tun oder sagen würde, ich spreche mit ihm …«

»Du weißt, daß auch das deine Ängste sind, die dir seine ständige Anwesenheit suggerieren. Das meinte ich nicht. Ich meine deine Freunde. Menschen, die es gibt und die leben. Der Sinn besteht darin, zu lernen, sich dem anderen wieder zuzuwenden. Das Ich kann nie der Endpunkt sein.«

Stefan Zweig

Wien, *10. September 1912. Heute, an einem ganz beliebigen Tage beginne ich wieder – zum wievielten Male! – mein Tagebuch. Der Grund – ich spürte gerade im Wiederlesen eines früheren, wie matt, wie gefährlich, wie krankhaft matt mein Gedächtnis geworden ist. Dinge, die dort mit allen Zeichen inneren Erlebens geschrieben sind, Worte sind sie nur, fremdes Vergessenes und, wie tief ich auch in mein Erinnern grabe, ich finde für diese Menschen keine Gesichter mehr. Vielleicht ist diese ganze Gier meines Neuerlebenwollens darin begründet, daß ich keinen Besitz am Vergangenen habe, daß Alles gewissermaßen bei mir Fließen ist und mein Leben, sobald nichts zuströmt, ausgetrocknet wäre. Der Verlust, jener Diebstahl meines Tagebuches von Paris und London, jener zwei intensivsten Jahre meines Lebens ist so das Furchtbarste, das mir begegnet ist, kaum wage ich zu hoffen, daß es jemals wieder in meine Hände gelangt. So beginne ich wieder – auf wie lange! Es soll diesmal eine Willensprobe sein, und, daß ich Härtungen meines Willens von Nöten habe sagt ein Tag mehr als der andere. Die Stimmung in der ich lebe, ist flau. Seltsam, dies Vibrieren in der Stadt, die Erregung über mein »Haus am Meer«, in mir spüre ich sie nicht, ein einziges jener sexuellen Abenteuer ist mir mehr und die sind doch nur wertvoll durch ihre Gefahr. – Ich will nun sehen, ob ich über mich die Gewalt habe, jede Nacht, so wie ich meine Uhr aufziehe, auch in mir eine stählerne Spirale aufzurollen und – selbst an jenen traumhaft verdösten Tagen – mir Rechenschaft zu geben, Bericht zu leisten. Es wird ja viel in der nächsten Zeit an äußern Entscheidungen geben und mein Inneres – ob es noch reagiert? – soll sich da bewußter gestalten. Ich glaube nicht, daß ich im Seelischen bereits atrofisch bin, vielleicht nur verschlammt und, da Felix P. nun aus meinem Leben eliminiert ist, wäre eine gewisse Regeneration möglich. Es sei versucht.*[61]

X.
Tagebücher und Aufrichtigkeit

Ein Kind mit Ohrringen krabbelt auf dem Boden des Archivs herum. Vielleicht die Tochter der Bibliothekarin, sie spielt mit Papier und einem kleinen Rotstift.

Wieder steht Eva für eine Weile vor dem großen Laken, das sie nicht losläßt: »Warum sie gerade das Leintuch für ihre Aufzeichnungen genommen hat? Vielleicht, weil sie darin noch die Spuren des vertrauten gemeinsamen Schlafs gefunden hat, im Geruch dieses Tuches war ihr Mann immer noch vorhanden, als er noch voll Leben war. Vielleicht hat sie ihn sich schlafend vorgestellt ...«

»Vielleicht begegnete sich hier Privates unterschiedlichster Art: intime Bilder seines Körpers mit der Intimität der heimlich Schreibenden. Das Bett ist der Platz, an dem sich unsere Körper und Stoff berühren.«

Körperabdrücke im Laken, die sich in ihr Innerstes eingeprägt haben. Gemeinsamer Schlaf, gemeinsames Erwachen. Ein noch müder Körper, dem Leben noch nicht ganz wiedergegeben, der hinter seinen Gefühlen und Empfindungen noch zurückgeblieben ist: Lebendiges und Lebloses zugleich. Der erloschene Körper, der im Stoff etwas von seiner Seele zurückgelassen hat.

»Seltsam«, sagt Eva, »das erste, was ich nach seinem Tod weggegeben habe, waren seine Laken und Überzüge. Als sei da noch etwas von ihm drin, das mich erschreckte, wie ein staubiger, zu Staub gewordener Film … Als wäre etwas von ihm mit den Laken verschmolzen, ich gebe es zu, mir hat fast davor gegraut.«

Sie hat es gespürt, als er neben ihr lag und sich in seinem Innersten bereits alles auf den Rückzug vom Leben vorbereitete.

»Ganz anders meine Empfindungen, als Florian seine Jäckchen und Hemdchen zu klein wurden, jene Kleidungsstücke, die ihn nach seiner Geburt schützten und wärmten. Ich konnte mich nicht von ihnen trennen. Da war noch die ganze Anschmiegsamkeit des kleinen Wesens darin, sein mich suchender winziger Körper. Auch später sammelte ich jede Zeichnung, jedes Legoteilchen voll Bedauern: Das Wachsen des Menschen bringt einen Verschleiß mit sich. Ehe wir ein Kleidungsstück abgetragen haben, muß es schon weggeworfen werden.«

»Ein gegenläufiger Prozeß«, sagt Eva. »Bei einem Kind wird alles immer lebensvoller und erweitert sich, beim alten Menschen ist es er selbst, der verschleißt: Er verläßt die Dinge, ehe sie ihn verlassen. Seinen neuen Anzug und seine Schuhe, zwei Jahre vor seinem Tod gekauft, hatte er kaum getragen. Ich habe all diese Dinge an meine Putzfrau verschenkt.«

Je älter wir sind, desto mehr ist der Tod in allem, selbst im Schuh, hinter dem unser Schritt zurückbleibt.

Ich blicke aus dem hohen runden Fenster zum Marktplatz hinunter. Katzen kriechen aus ihren Schlupfwinkeln, in denen sie die Siesta verbracht haben, räkeln sich und streunen durch die Straßen, die Kater auf der Suche nach einem Weib, nicht anders als die Männer, die gähnen, sich dehnen und wie bei einer Befreiung aus ihrer Tür treten, um die Spuren all der fremden Frauen, die das Fest des Tagebuchs in das Städtchen gebracht hat, zu beschnuppern. Am Verhalten der jungen Leute auf dem Platz jedoch ändern die Gäste nichts: Sie tragen Kulissen hin und her, errichten die Mikrophone und lassen zur Probe wilde Musik über den Platz schallen, brechen ab und setzen aufs neue an. Sie treten in die Fenster der angrenzenden Häuser, bereits kostümiert und geschminkt. Auch unter mir im ersten Stock des Tagebuch-Archivs sehe ich die Köpfe. Offenbar erstreckt sich die Vorführung über den ganzen Platz.

Das Leben rundum erwacht mit Macht, die Häuser platzen auf und entlassen all ihre Menschen, der Platz quillt über vor Leben. Vögel streifen darüber hin. Es zieht mich hinaus, und als ich mich Eva zuwende, um ihr das zu sagen, sehe ich, daß sie auf einem Stuhl Platz genommen hat. Ihr neues Tagebuch liegt geöffnet auf dem Schrein, in dem Materialien zu Tagebüchern ausgestellt sind, und ihr neuer Füller zieht Tinte über das Papier. Sie sieht nachdenklich aus, als ich ihr verstohlene Blicke zuwerfe. Ich sehe ihr an, daß das keine Pflichtübung ist, wie sie schreibt, sie ist der Tätigkeit ganz hingegeben. Ihre Versunkenheit ist wie ein Geschenk.

Ich widme mich den Aufzeichnungen eines gewissen »Colibri«, eines Abenteurers, der die ganze Welt bereiste, und erfahre einiges über seine romantischen Maskierungen, seine Wünsche, sich stets in anderem Licht zu zeigen. Spiele der Verwandlung: Ich bin nicht der, sondern ein anderer. Ein über die Welt verstreutes Spiel, immer an der Grenze zwischen Existenz und Nichtexistenz, Selbst-Verwandlungen und Selbst-Verfälschungen, Verschiebungen des eigenen Ichs. Was er zunächst enthüllt, schon ist es wieder verkleidet, ob er nun als Bettler durch die Lande zieht oder als König, eine ständige Erneuerung.

»Es ist so schön still hier.« Es klingt fast wie eine Entschuldigung. »Ich konnte sehr gut schreiben. Ich glaube, die Entscheidung, Tagebuch zu schreiben, ist sehr wichtig, denn sie gibt mir Mut und Vertrauen. Ich bin nicht mehr allein. Aber ich habe Schwierigkeiten beim Schreiben der Wahrheit ...«

»Hauptsache, du hast den Dialog begonnen.«

»Es sind viele Fragen, auf die ich vielstimmig antworte.«

»Du wirst von selbst immer tiefer eindringen. Das kommt durch das Fragen von selbst.«

»Nicht abgeschickte Briefe ... ihr Tenor wird durch meine Fragen bestimmt. Fragen über unser Leben zu zweit, über den Sinn des Lebens, Fragen über den Tod. Ich habe so viele Fragen und habe das nie gewußt, denn ich habe sie nie gestellt.«

Als Kind fragen wir lange Zeit immer wieder »Warum?«. Wir führen uns selbst damit auf den geheimen Weg des Suchens und erschließen uns den Raum, uns geistig zu entfalten. Wir wiederholen diese Fragen bis zum Gehtnichtmehr, eine Pein manchmal für Mutter und Vater. Alles an uns dürstet nach Teilnahme durch Wissen, aber wir suchen auch unser Vergnügen, unsere Ablenkung und Unterhaltung. Deshalb machen wir aus diesen Fragen, die die Erwachsenen so schön hilflos erscheinen lassen, ein Spiel, das uns das Leben erklärt. Ein Versuch zur Überwindung unserer eigenen Winzigkeit, der Erwerb einer noch nicht zu benennenden und noch nicht gekannten Welt. Eine Übung für unseren Geist und unsere Seele, auf die wir später so leichtfertig verzichten – weil wir vorgeben, bereits zu wissen, weil wir so tun, als kennten wir nun die Welt und ihre Möglichkeiten. Erst wenn wir Kinder haben, öffnen wir uns wieder für die vergessene Kunst des Fragens, mit ihr (oft widerwillig) konfrontiert. Zumindest haben wir die Chance, uns wieder in sie einführen zu lassen, wenn wir das wollen. Auch für die Eltern ein möglicher Wachstumsprozeß.

Doch das denke ich nur und sage ich nicht laut, denn meine Zuneigung zu Eva macht mich behutsam gegenüber all dem, was sie verletzt oder vermissen muß. Zudem läßt es sich schwer vermitteln, wie mühsam und unter welchen Einschränkungen dieses Geschenk zu erhalten ist und wie viele Verweigerungen von beiden Seiten es verhindern können.

»Eigentlich ist Tagebuchschreiben wie eine Reise, denn wir wissen nicht, was uns erwartet. Wo werden mich meine Fragen noch hinführen?«

»Ich weiß es nicht. Obwohl ich seit dem zweiten Schuljahr Tagebuch führe, habe ich längst noch nicht alle Fragen gestellt. Aber ich glaube an diesen Weg. Dennoch erinnere ich mich, daß es mir immer unwahr erschien, was ich am Tag zuvor geschrieben habe. In den übelsten Phasen meines Lebens, mit ihrer schokkierenden Entblößungstechnik, habe ich mich am allerwenigsten gefunden. Immer wenn Chaotisches und Wildes aus mir herauskam, fühlte ich mich verfälscht. Mal war ich mir zu groß und mal zu klein, mal zu romantisch, mal zu verwegen, mal zu böse, mal zu gut – ein seltsamer Mechanismus, ein eigenartiger Drang nach Forcierung und Entstellung, wie ein Kind, das, um sich interessant zu machen, gern übertreibt. Es waren nicht immer natürliche, fließende Gedanken, sondern oft künstlich herbeigeführte, überflüssige, die meine eigentlichen Wunden verdeckten, meine Unsicherheit und meine Mogeleien, meine Aufschneiderei, meine vorschnellen Versuche, mich zu erklären: Kleinmädchenprotzerei. Vieles hat nicht standgehalten, sondern war unecht und unwahr.«

»Das tröstet mich, denn auch ich habe mich bereits bei Pathetischem, allzu Hysterischem, meine Situation als Trauernde Verklärendem ertappt, das ist mir peinlich.«

»Trotzdem habe ich später in diesen Entstellungen Aufschlußreiches entdeckt. Es ist wie Dr. Jekyll und Mr. Hyde: Er ist immer im Unbewußten anwesend, der häßliche Doppelgänger.«

Womit immer unser Ich zu tun hat, wir sollten Rilkes Rat beherzigen: »Haben Sie Geduld gegen alles Ungelöste in Ihrem Herzen und versuchen Sie, die Fragen selbst liebzuhaben ... Forschen Sie jetzt nicht nach den Antworten, die Ihnen nicht gegeben werden können, weil Sie sie nicht leben könnten. Und es handelt sich darum, alles zu leben. Leben Sie jetzt die Fragen. Vielleicht leben Sie dann allmählich, ohne es zu merken, eines fernen Tages in die Antwort hinein.« Wir müssen lernen, aufmerksam zu betrachten, was um und in uns ist, um es besser zu schätzen.

»Die liebsten Tagebücher sind mir die von Hebbel, weil ich mich in ihnen wiederfinde. Vieles davon habe ich selbst bereits gedacht oder niedergeschrieben. Und trotzdem ist da immer auch etwas, was mich einen Schritt weiterführt. Einerseits fühle ich mich mitsamt meiner Fehlerhaftigkeit erkannt, andererseits angenommen und geliebt.«

»Ich suche etwas anderes. Das Vorbild. Jemand, bei dem ich lesen kann, wie man mit einem Verlust und mit dem Tod zurechtkommt.«

»Aber wann ist man schon, was man ist?« fragte Hans Werner Richter. »Wann ist man es in seinem Tagebuch?«[62] Er erzählt uns, wie lange er als junger Mensch immer wieder versucht hat, Tagebuch zu schreiben, ohne daß es ihm gelang. Was er an einem Abend über den vergangenen Tag schrieb, erschien ihm am nächsten schon unwahr: »Es enthielt nicht das Wesentliche. Doch was war das Wesentliche?«

Tagebuchschreiben heißt auch: aussondern, sieben, Spreu vom Weizen trennen, erkennen.

Ludwig II. von Bayern

Nicht mehr im Januar, nicht im Februar,
überhaupt ist das Ganze so viel als nur irgend
möglich *abzugewöhnen; Mit Gottes u. Königs*

Kraft! – Die Unmöglichkeit wirklichen Falles
ist somit ausgesprochen. – Geschworen, so wahr
Gottes heiliger Wille nicht mich schütze u. des Königs
erhabenes Wort. –

D.p.I.R.
Keine nutzlosen, kalten Waschungen mehr,
Schluß seit XIV. 3. – Weihwasser.
Alles Schlechte erlöscht durch den Königs Willen.
Die neuen Höhen sind im Geiste erstiegen.
Schonung geboten, bei schwerer Strafe u. zu folgenden
Gewissens-Bissen. –

Fahrt zu Schlux, gelesen in (Francois I) Hier
im lieblichen Thal der Rosen, halten wir er-
quickende Rast … (Skizze, Einzug Ludwig XV.
in Seine getreue Hauptstadt nach Seiner Krankheit
in Metz, Residenzsaalbild, am 21. Schlangen Haus,
21. Juni. – Geschworen beim Andenken
des Gelöbnisses in d. Pagodenburg am 21. April.
Beim Andenken an die allegorische Zertrümme-

rung des Schlechten an. Bald bin ich ein Geist geworden, reiner Aether *mich umwallt, 7 7 7 geschworen ich wiederhole es u. halte es, so wahr ich* Dann anders zu versuchen, *beim 3ten Male gelingt es, gedenke des 9ten Mai 3 mal 3! –*
Febr. – April – Juni – Septemb.
Lilienduft! Königslust -----
es hat dieser Schwur die bindende Kraft, sowie das Gelingen durch:

Feierlicher Schwur vor dem Bilde des großen Königs »Während 3 Monaten Enthaltung jeglicher Aufregung.« »Es ist nicht gestattet Sich mehr, als auf $1\frac{1}{2}$ *Schritte zu nähern«*[63]

In manchen Fällen kann ein solches Tagebuch später durchaus faszinierend erscheinen, denn es beweist, daß uns auch bei versuchter Selbstkritik immer wieder unser Wunschbild, das narzißtische Ich im Wege steht. Wir »belügen« uns selbst bis ins Tagebuch, trennen unser Wohl von dem der anderen ab und behaupten uns auf ihre Kosten, beneiden die »Besseren« und ducken die

»Schlechteren«. Diese überhöhten Werte der Individualität und die Ich-Selbstgefälligkeit im Europäer sind den Menschen des Ostens fremd.

Der zwanghafte europäische Narzißmus unseres Jahrhunderts verführt zu überhöhter Bedeutung und damit einer Korrektur unseres Lebens, wie ich sie beim Protokoll meines Vaters schon sehr früh empfand, diesen Hang zum Skandalösen. (Übrigens ein Motiv, warum selbstentblößende Tagebücher und Geständnisse so gern gelesen werden.)

Kein Wunder, daß gerade dann, als falsche Perlen und Straß, Schmuck-Imitationen en vogue waren und man Bilder, Skulpturen und Möbel, schließlich gar Magazine im Fernsehen zu fälschen begann, man auch die Fälschung der Tagebücher entdeckte. Ob geschriebene oder erfundene, man versprach sich Geschäfte auf Kosten der »Berühmtheiten«, suchte Intrigen aufzudecken, die es nie gegeben hatte, entlarvte Katastrophen und Bettgeschichten, die allein der Phantasie entsprangen.

Lange Zeit gab es in Italien einen wahren Devotionalienhandel mit Pseudo-Tagebüchern Mussolinis. Erst jetzt hat man die – vielleicht echten – Tagebücher von 1935 bis 1939 in London entdeckt. Sie boten den Postfaschisten in der Regierungskoalition den Beweis, daß der über alles geliebte Duce gar so schlecht nicht gewesen sein kann: »Hitler will den Krieg«, heißt es da. »Kann ich ihn überzeugen, den Kurs zu ändern? Nein. Das gehört zu den Dingen, die ich nicht kann.« (Notiz vom 4. März 1939)

Der größte Skandal unserer Tage waren die gefälschten Hitler-Tagebücher. Schon von klein auf hat sich der Inhaber einer Firma für Gebäudereinigung, Konrad Kujau, für die Person Hitler interessiert, seit je hat er alles verschlungen, was es an Schriften über den Mann gibt. Er sammelte Militaria, nahm Verbindungen zu Hitlers Fahrer Erich Kempka auf, um mehr über ihn herauszubekommen. 1978 schließlich begann er mit der Schreibmaschine an einem Buch über den Tagesablauf Adolf Hitlers und trug die Notizen dann, als Gag, in Hitlers Schrift, die er inzwischen spielend beherrschte, in ein Berichtsheft ein. Er schrieb diese Schrift schneller als die eigene. Als er sich an die Fälschung von Hitlers Tagebuch machte, identifizierte er sich völlig mit Hitlers Person: »Den Druck des Bunkers, den habe ich direkt selber gespürt. Ich habe Magenschmerzen gekriegt – wie er. Wenn in meinem Tagebuch steht, ›ich habe Sodbrennen, Magenschmerzen – dieses Quacksalbertum‹, so habe ich natürlich die Ausdrücke Hitlers benutzt, aber ich hatte die Magenschmerzen.«

»Aber kann man wirklich und wahrhaftig aufrichtig sein?«

Eva blickt mich zweifelnd an. »Schon merke ich, wie seine Worte die Tendenz haben, sich zu verbrämen, zu schwinden. Ich habe einen großen Fehler gemacht, damals nicht Tagebuch zu führen, jetzt würde ich etwas darum geben, mich über eine seiner Wendungen freuen zu können, die ich festgehalten habe, über seine Lebensgeschichte. Seine Worte zu lesen, seine kleinen ironischen Berichte.«

Nicht nur Hans Werner Richter, auch viele andere haben sich immer wieder mit dem Problem der Aufrichtigkeit befaßt. Der dänische Schriftsteller Paul La Cour hat das Thema Wahrheit in seinen Tagebüchern geradezu manisch verfolgt[64], indem er dieses Thema con variationes quasi zum Höhepunkt treibt: »Glaube nicht an die spontane Aufrichtigkeit. Was wie eine Blutwallung in dir aufsteigt und bitteren Geschmack in deinem Munde verbreitet, diese sonderbar rohe Nacktheit, die verletzen will, Überfälle von Sturmböen aus deinen eigenen, dir unbekannten Tiefen, die deinen Intellekt ertränken, das ist keine Aufrichtigkeit. Warum ist es trübe und verletzend, wenn Aufrichtigkeit klar, kühn und heilsam ist? Warum ist es dunkel und plötzlich wie ein Instinkt, wenn Aufrichtigkeit langsam ist und Reinigung?

Du glaubtest aufrichtig zu werden, als das Älteste in dir zum Leben erwachte. Es waren aber die tiefstgelagerten Schichten, dämonische Kräfte, die den Schleier von ihrem Antlitz rissen, und gegen sie sollst du kämpfen. Im Kampf zu ihrer Überwindung wirst du Mensch.

Du bist niemand, wenn die spontane Geburtskraft der Instinkte nicht in dir lebt. Wenn du das Erste nicht enthältst. Du bist immer noch niemand, wenn du dies nicht mit dem Letzten bekämpfst, das du spät erlangen wirst, deine langsame Frucht: klarschauende Aufrichtigkeit, Menschengeist.

Irre dich nicht: Aufrichtigkeit ist nicht instinktiv, besitzt niemals die Natur des Instinktes. Was du als Leidenschaft in dir fühltest, furchtbar und rücksichtslos wie einen Trieb, als du glaubtest, etwas Wahres auszusagen, das war keine Aufrichtigkeit. Ihr Wesen ist Veredelung.«

Und später schreibt er:

»Daran sollst du Aufrichtigkeit erkennen, daß sie

lachend und hell ist. Sie ist Überwindung und Vollendung. Nicht Natur, sondern Geist.«

Er dringt zu einem zentralen Satz vor: »Um zur wahren Aufrichtigkeit vorzudringen, mußt du auch auf deine Aufrichtigkeit verzichten.« Denn: »Die tiefe Aufrichtigkeit, zu der du gelangen sollst, liegt außerhalb der Individualität. Sie trägt nicht deine Züge, sie ist anonym. Aufrichtigkeit gehört einem nie.«

»Es ist wie alles eine philosophische Frage«, sagt Eva, »wie man mit der Wahrheit umgeht. Der Zwiespalt, in dem wir alle leben. Ich fühle mich unter Druck. Druck von allen Seiten. Von innen und außen.«

Ein anderes Leben hat für sie begonnen. Ein Leben, in dem sie sich allein erfährt und gleichzeitig die gemeinsame Geschichte mit ihrem Mann nacherlebt. Eine neue Erfahrung, geboren aus der Fragwürdigkeit unserer Existenz, dem Zwiespalt zwischen Leben und Tod.

»Ein Mann ohne Tagebuch (er habe es nun in den Kopf oder auf Papier geschrieben) ist, was ein Weib ohne Spiegel. Dieses hört auf, Weib zu sein, wenn es nicht mehr zu gefallen strebt und seine Anmut vernachlässigt …; jener hört auf, ein Mann zu sein, wenn er sich selbst nicht mehr beobachtet und Erholung und Nahrung immer außer sich sucht. Er verliert seine Haltung, seine Festigkeit, seinen Charakter, und wenn er seine geistige Selbständigkeit dahin gibt, so wird er ein Tropf. Diese Selbständigkeit kann aber nur bewahrt werden durch stetes Nachdenken über sich selbst und geschieht am besten durch ein Tagebuch …«, Worte Gottfried Kellers aus seinem Tagebuch.[65]

Das, was manchmal in Evas Augen aufblitzt, sind die ersten Anzeichen dieser geistigen Selbständigkeit.

Keine andere Tätigkeit gibt uns so viele wunderbare Privilegien wie das Tagebuchschreiben. Vor uns liegt der Übergang in eine andere Lebensschicht, die wir von Anfang bis Ende entdecken können, von unserer geheimnisvollen Geburt bis zu unserer Entführung hinter jene Grenze, die wir nicht kennen.

Seit jeher ist deshalb das Tagebuch eine Stätte reinster Betrachtung und der seltsamsten Spekulationen, von Marc Aurel bis zu Max Frisch, und alle kreisen sie um die Verbindung dieser mit jener Welt, die auch den Kern der Religion und der Philosophie ausmacht.

Das, was in den Selbstoffenbarungen und Selbsterfahrungen der Tagebücher erscheint, offenbart uns die Werte der Humanität, von Pascal bis Camus. Die Tagebücher liefern uns eine Chronik des Menschenbildes. Immer geht es um moralische Forderungen an sich selbst, auch wenn man seine eigenen Anfälligkeiten und Gebrochenheit erkennt.

»Die Größe des Menschen besteht darin, daß er sich als jämmerlich erkennt: ein Baum weiß nicht, daß er elend ist«, schreibt Pascal in seinen *Pensées*[66].

Am greifbarsten und anschaulichsten wird diese Jämmerlichkeit in unserer Zeit, in der Realität von Auschwitz, Hiroshima und Sarajevo. Das heißt jedoch bei weitem nicht, daß in unseren heutigen Tagebüchern darüber nachgedacht wird. Vielmehr erschöpfen wir uns häufig in der Konzentration auf uns selbst. So gelangen wir nie dahin, wo unser Ich über sich hinauswachsen könnte und zu einer Beziehung zum anderen wird.

Umrahmt von Nichts und Leere, ist der an sich selbst leidende Mensch, in der Romantik geboren, heute der alleinige Mittelpunkt des Tagebuchs, ein Mensch ohne Gott, voll Einsamkeit. Zeugnisse einer tiefen Isolation und Steguation angesichts jener der vergangenen Jahrhunderte. Dem eigenen Tagebuch gegenüber empfinden wir unser Alter. Die Tagebücher früherer Zeiten machen uns jedoch unseren Mangel an Leben bewußt.

Nicht ohne Grund wurde Amiels *Intimes Tagebuch* neu aufgelegt.[67] Zwischen 1847 und 1881 in 174 Heften à hundert Seiten geführt, sind die Aufzeichnungen des Genfer Professors für Ästhetik und französische Literaturgeschichte, später Philosophie, gleichsam wieder modern geworden. Die Absonderungen eines Intellektuellen, der sein ganzes Leben lang ebenso im Gefühl seiner Unvergleichlichkeit wie seiner Vorläufigkeit verharrte, als gelte es, seine Kräfte und Nerven für sein »Werk« (das er nie schrieb) aufzusparen. Seine Schwermut und seine Selbstliebe, mit der er jeden Winkel seines Selbst ausleuchtete und das damit einhergehende Gefühl der Nutzlosigkeit haben viel mit dem Menschen von heute gemein, mit seiner angstvollen Ungeduld, seinen Ausweichmanövern und Rückzügen und seinem abgenutzten Narzißmus.

Italo Svevo, eigentlich Ettore Schmitz, der seine Identität hinter einer Mischung aus autobiographischer

Selbstoffenbarung und literarischer Stilisierung listig tarnte, schrieb 1928 seine persönlichen Notizen unter dem Titel *Tagebuch für die Verlobte*, während er das »öffentliche Tagebuch« in der Schublade verborgen hielt. So hat er es seinen Deutern wahrhaftig schwergemacht, sich zu entscheiden, nach welchen Gesichtspunkten man sich nun an sein Werk herantasten soll, um es zu interpretieren und das Versteckte vom Nichtversteckten zu scheiden.

Ähnlich wie Stendhal überläßt er sich spielerisch einer kreativen Verfolgungsangst, die ihn zu inspirieren scheint und ihn in Schwung beim Schreiben hält. Ein Spiel mit seinem öffentlichen »Image«, voll Verschrobenheit und Widersprüchen. Es ist, als ob er sich sein entschwindendes Leben, das noch nicht festgehaltene ebenso wie das phantasierte, mit diesen Ritualen verdoppelte – ein literarisches Versteckspiel, bei dem er letztlich immer der Triumphierende ist.

Hermann Broch

I. Samstag, 3. auf Sonntag, 4. Juli 1920

Samstag, 3. Juli 1 h Nacht. Liebling, also das Tagebuch. Da ein Tagebuch etwas ganz Aufrichtiges sein muß, es sonst sinnlos wäre, ist es mir recht, daß Du es bekommst – es ist ein Teil des Dir-Gehörens. Allerdings noch immer kein stringenter Beweis, aber immerhin. Viel anderes als ich Dir sonst geschrieben habe, wird ja auch nicht drin stehen; es wird ein Tagebuch um Dich herum, aber auch das ist mir Recht. Als zweiter

Brennpunkt die Arbeit; augenscheinlich bin ich eine Ellipse oder sonst ein Kegelschnitt. – Tatsächliches: gestern Abend nach dem Nachtmahl bis 11 h im Büro, dann gab es wieder eine Störung in der elektr. Zentrale infolge des Gewitters, das dauerte bis ½1 h. Irgendwie ist das Alles, nämlich die Fabrik, unterhaltsam: es geschieht in einemfort etwas, man muß immerfort aufpassen: wird von so viel äußerlicher Bewegung so »getragen«. Aber man wird eben deswegen, auf der Oberfläche notwendig bleibend, so dumm leicht davon. Von ½ 1–½ 2 h noch irgendwie zum Ausgleich gearbeitet. Einen Bogen. Heute Früh habe ich mich nach einer elendigen Nacht (ich habe wieder Gräßliches von Dir geträumt – diesmal, daß Du mir krank wirst, hoffentlich bedeutet das das Gegenteil) elendig gefühlt. Krämpfe, kurzum nichts Neues. Um 12 h Mittag niedergelegt, geschlafen bis 1 h, dann wieder von 2 h–4 h.[68]

XI.
Tagebücher, Sinn und Schuld

Das spielende Kind auf dem Boden hat einen Tagebuchband aus dem Regal gezogen und nimmt eine Ecke in den Mund. Die Bibliothekarin entpuppt sich in der Tat als die Mutter. Denn nun spüre ich, noch ehe sie eine Geste ausführt, an ihr eine Härte, die eine Grenze sichtbar macht. Sie ist jemand, der ahndet und bestraft.

Auch das kleine Mädchen, nicht einmal ein Jahr, hat das gespürt, es zuckt zusammen. Die Mutter ist noch nicht aufgesprungen und hat noch nichts gesagt, schon überträgt sich mir das kindliche Schuldgefühl. Das kleine Mädchen schiebt das Buch von sich und kriecht weiter, als hätte es es nie gesehen. Jetzt erst erhebt sich die Mutter, ohne etwas zu sagen, und stellt den Band zurück in die Reihe, flüstert ein kleines Lob.

Auch mein Sohn zuckte zusammen, wenn er etwas tat, das er nicht tun sollte, und auch bei ihm begann es mit einem Jahr: Es war die winzige Schuld, nach Papieren auf meinem Schreibtisch zu fassen, streng untersagt, seitdem er einmal eine Seite in den Papierkorb geworfen hatte, die ich nichtsahnend mit den anderen Papieren in den Müll gab, eine neu beschriebene Seite.

Wenn wir in unseren Tagebüchern von unserer Schuld schreiben, sind wir uns dessen bewußt, fehlerhaft zu sein. Wir haben verbotene Dinge genommen, haben sie weggeworfen oder versteckt: Menschen oder

Gefühle. Doch ob wir unsere Schuld immer noch so einfach und wahrhaftig, so unschuldig erleben wie ein Kind?

Ach, warum habe ich nicht darauf verzichtet, meinem Sohn einen Klaps zu geben und ihn zu tadeln. Denn viel größer war die Schuld, die ich damals empfand, weil ich ihn dazu gebracht hatte, Schuld zu empfinden. Schuld war vielmehr mein eigenes Verhalten, dieses perfekte Bild, dem ich folgen mußte, sei dem wie ihm wolle: erst das Blatt beschreiben, dann in die Maschine tippen und schließlich zu den anderen Seiten heften, in wachsender Folgerichtigkeit – die Verfertigung des nächsten Buches, mit zusammengebissenen Zähnen. Mein Sohn hatte gegen meine Regeln verstoßen.

Schuld ist immer wieder das zentrale Thema der religiösen Tagebücher, der Kampf um den Glauben, Gottsuche, Sühne. Als einziges dieser Tagebücher hat mich jenes von Kierkegaard wirklich berührt, denn es handelt von metaphysischen und philosophischen Dingen, die mich unmittelbar betreffen.

Es kann sein, daß wir in jenen Zeiten, in denen wir uns scheuen, zum Tagebuch zu greifen – auch wenn es nicht so lange Perioden wie bei Stefan Zweig gewesen sind –, unsere eigenen Fehler nicht empfinden und nicht zusammenzucken, sondern so tun, als wäre nichts geschehen, ganz im Einklang mit unserer fehlerhaften Natur. Zeiten, in denen wir uns unserem Schuldbewußtsein innerlich widersetzen und uns selbst lieber nicht mit uns auseinandersetzen. Wir sind mit uns einverstanden, ohne einen guten Grund. Oder wir heben auf und speichern unsere Schuld in uns, bis wir es wieder wagen, das anzugehen, plötzlich wieder unzufrieden mit uns selbst.

»Mir tut es gut, Geständnisse zu lesen, es hat eine befreiende Wirkung auf mich.«

»So geht es mir auch. Wie gut es tut zu wissen: auch er hat dies oder jenes getan. Also muß ich den Mut nicht sinken lassen, wenn es mir nicht besser mit mir geht.«

»Er hat es geschafft, also schaffe ich das auch.«

»Manchmal, wenn ich eine Weile nicht Tagebuch schreibe, kommt mir das Nichtschreiben vor wie ein Laster. Ich fühle mich nicht wohl, als hätte ich mich nicht gewaschen.«

»Vielleicht wird es mir auch so gehen. Schon jetzt spüre ich jeden Abend den Impuls, spontan niederzuschreiben, was mir so durch den Kopf geht.«

»Dann solltest du es auch tun.«

»Auch wenn es ungeordnet und chaotisch ist?«

»Gerade dann. Ganz einfach und rückhaltslos losschreiben, gleichgültig, wohin das führt, unüberprüft.«

»Ich fühle da eine Schranke. Ich habe Angst, daß ich Dinge niederschreibe, die ich nie in mir vermutet hätte. Andererseits ist da dieser Druck ...«

»Er wird erst weichen, wenn du deinem Impuls nachgibst und einfach schreibst.«

Wir nähern uns im Gespräch dem modernen Gedanken von »Psychohygiene«: Tagebuchschreiben als seelische Hygiene. Die lange Tradition des geistigen Kampfes, der verschiedene Formen annehmen kann, hat der griechische Denker Platon bereits vorgezeichnet. Foucaults Untersuchung vom *Gebrauch der Lüste* weist auf die pythagoreische Tradition mit ihren verschiedenen Übungen hin: Ernährungsdiät, Sammlung der Fehler am Ende des Tages, Meditationstechniken vor dem Schlaf zur Bannung der bösen Träume und zur Begünstigung jener Gesichte, die von den Göttern kommen. Der Akzent liegt bei den alten Griechen immer auf dem Training, der Übung. »Der Königlichste ist König seiner selber«, sagte Platon.

Auch Baudelaire hat in seinen Tagebüchern darauf zurückgegriffen, und eines seiner Tagebuchfragmente trägt den Titel »Hygiene«.

Tagebuchschreiben als ein Versuch der Lebenskunst.

XII.
Tagebücher der Ferne

Als Kinder übertragen wir unsere Suche nach uns selbst auf Reisetagebücher, die wir mit Vorliebe lesen. Wir begeben uns mit dem Verfasser an unbekannte Orte, setzen uns Dunkelheiten, Hindernissen und allerlei Gefahren aus, nehmen Anteil an Abenteuern und konfrontieren uns mit fremden Menschen, ihren Gewohnheiten, Sitten und Kulturen. Die Suche unseres Helden gibt unsere eigenen Ängste wieder, denn wir kennen die Angst vor dunklen Kellern und Gespenstern, auch wir fühlen uns manchmal gefangen, auf Eisschollen dahintreibend auf dem bitterkalten Meer.

Je älter wir werden und desto eingebundener wir in einen Tageslauf sind, der Abenteuer immer weniger zuläßt, desto mehr fliehen wir in die Vergangenheit (oder Zukunft), treiben uns auf Schlachten, Kaiserhöfen oder Gestirnen herum, lieben und erretten Sklavinnen oder Frauen von einem anderen Stern, entfliehen mit Casanova den Bleikammern: Wir überlassen uns unserer wachsenden Lust, ein anderer zu sein.

Später übertragen wir die Wünsche nach Selbsterweiterung auf Reisen in die Natur oder in Mythen, und Bildungsgeschichten richten unsere Entdeckerfreude mehr auf menschliche Taten und innere Wanderungen, auf Menschliches, auf uns selbst, wie es sich in der Welt widerspiegelt.

Canetti nennt Reisetagebücher, die er immer wieder gelesen hat: das Buch des chinesischen Pilgers Hüan-Tsang, der im 7. Jahrhundert Indien besuchte, und das des Arabers Ibn Battula aus Tanger, der die ganze islamische Welt des 14. Jahrhunderts, Indien und wohl auch China bereiste, das Tagebuch der Hofdame Sei Shonagon und das Tagebuch der Dichterin des Ganji-Romans Murasaki Shikibu, beide lebten um das Jahr tausend.

Anhand solcher »Reisen« erleben wir eine Veränderung und Erweiterung unserer Weltsicht und versuchen, diese Abenteuer in die Welt unseres Kinderzimmers hereinzuholen. So stählen wir in Gedanken unseren Mut, wecken unsere Abenteuerlust und erproben unsere Findigkeit, mit unerwarteten Gefahren fertig zu werden, mit Not und Einsamkeit. Ich erinnere mich an eines meiner kindlichen Gedankenspiele: Was würde ich, wie Robinson ausgesetzt, jetzt mit meinen eigenen Kräften tun (können)? Wir eignen uns astronomische und ethnologische Erkenntnisse an. Wir üben uns in Täuschungen und schulen unseren Sinn, um zu entlarven, die Kräfte fürs Überleben. Wir erproben unsere Ziele an großen Entdeckern und Männern und Frauen der Geschichte, wir eröffnen uns ihre inneren Konflikte.

Ein wenig hat diese frühe Passion für Reisetagebücher auch mit unserer Sehnsucht nach intensiven Gefühlen zu tun, die wir uns von improvisierten Lebensumständen erhoffen, mit dem Bedürfnis, unsere eigenen Grenzen auszuloten und zu sehen, wie weit man gehen kann. Etwas, das wir auch als Erwachsene immer wieder suchen. Wir möchten uns ausleben und ersehnen Augenblicke der Gefahr; Reisetagebücherlesen als eine Art von Selbstbestätigung oder Initiationsritus. Wir schlagen am Ende das Buch zu und fühlen uns gestärkt.

»Ich verlasse Tunis mit einer gewissen Traurigkeit, da ich von der Natur der Dromedare bin, die man nicht in Bewegung setzen, aber auch nicht anhalten kann«, schreibt Gustave Flaubert in seinen *Reisetagebüchern*, die nun, nach mehr als siebzig Jahren, vollständig wieder vorliegen[69]. Flaubert hat, wie viele Schriftsteller, zu Reisen ein widersprüchliches Verhältnis. Für ihn ist eine Reise wie eine Barriere, doch hat er sie einmal genommen, ist er nicht zu halten, seine Kunststückchen und Sprünge wieder und wieder zu vollführen. So war er letztlich, einmal in Gang gebracht, im Unterschied zu vielen anderen Schriftstellern, die mit ihrer Weltläufigkeit nur prahlten und lieber zu Hause hocken blieben, kein Reisemuffel, sondern schlug über die Stränge: Er erweiterte sein Vorhaben, Ägypten, Syrien und den Libanon zu bereisen, und nahm gleich noch Indien und China mit.

Dank den Chronisten jener Zeit, den unermüdlichen Tagebuchschreibern, den Brüdern Goncourt, wissen wir, was er am 6. Mai 1866 in einem Brief notierte: »Zwei Menschen sind in mir. Der eine, sehen Sie, enge Brust, Hintern aus Blei ...; der andere, ein Commisvoyageur unterwegs und eine Vorliebe für heftige körperliche Ausarbeitung.«[70]

In der Tat beunruhigend, was sich dieser Mann, zwischen Nesthocker und Draufgänger, an Höchstleistungen abforderte: In einem wahren Kraftakt überquerte er die ägyptische Wüste, ritt ans Rote Meer. Ihn reizte es,

Märchenhaftes und Phantastisches ebenso wahrzunehmen wie das Grauen der Schlachthäuser und Leprastationen. Er nimmt nicht nur wahr, was zu den Bildern vom schönen Leben paßt, ihn interessieren die Dinge auch noch, wenn sie anfangen zu stinken. Und immer sind seine Dichterreisen Fundgruben erster Ordnung für sein literarisches Werk, Lehrstücke ebenso über die Auswüchse unserer Zivilisation wie ihre Schönheiten, mal mit düsterem, dann mit farbenfrohem Pinselstrich festhalten.

Das Tagebuch, das Herman Melville[71] auf dem Höhepunkt seines Schaffens, aber ausgebrannt, ausgeschrieben, krank auf seiner siebenmonatigen Schiffsreise von New York nach Konstantinopel schreibt, ist nun zum ersten Mal in deutscher Sprache erschienen. Es beginnt abgespannt und lustlos, er hat Nervenschmerzen in Kopf und Gliedern, er fühlt sich deprimiert. Seine Laune bessert sich nicht, als er sich einschifft, und die ganze Reise entpuppt sich als ein Horrortrip in den dunklen, illusionslosen Teil seines Ich. Alles, was er sieht, erscheint ihm diabolisch, grabähnlich, eine Landschaft voller Aussatz, verkrustet, abgenagt wie ein Gerippe, Schutt und Auswurf der Schöpfung, Spiegelungen seines zerstörten, verdüsterten Ich. Umherstreifend, trägt er schwer an der Bürde seines Selbst, seinen dunklen und belastenden Anteilen – ein riesiges Reservoir von Angestautem und Morbidem, das ihn auf Schritt und Tritt verfolgt. Wie ein braver Tourist, der alles abhaken will: Florenz, Venedig, Mailand, Frankfurt, Köln, London, eilt er von Attraktion zu Attraktion, doch die Zahl der zurückgelegten Meilen vermag ihn nicht von seinen schrecklichen Alpträumen zu entfernen. Aber er wird weiter schreiben, ein wenig langsamer, doch mit nicht minderer Intensität.

Neben Goethe, dessen Tagebuch vom September 1786, die *Italienische Reise*, immer wieder heiter stimmt, hat nur vielleicht Thomas Mann noch das Reisen so genossen und flocht gern davon etwas in seine Romane ein. Sein Tagebuch jedoch enthält zu seinen Reisen recht wenig.

Ob Camus' Aufzeichnungen über seine Reise in die Vereinigten Staaten von 1946, in den *Reisetagebüchern* abgedruckt[72], oder Stefan Zweigs Reisetagebuch, das unter dem Titel *Auf Reisen* erschienen ist[73], Hanns Cibulkas *Ostseetagebuch*, Prosa zwischen 1970 und 1985, Gerhart Hauptmanns *Griechischer Frühling* oder *Unsere Haut*, Tagebuchauszüge von Frauen aus der DDR zur Zeit der Wende, Joseph Conrads *Kongo-Tagebuch*[74] – es sind alles Bücher, von denen ich in den letzten Jahren profitierte. Iris Origos *Toskanisches Tagebuch 1943/44*[75], undramatisch und einfach erzählt, bedeutet mir viel, weil ich darin endlich erfahre, wie der Zweite Weltkrieg in diesen idyllischen Teil der Toscana einbrach, wie die ersten Bomben auf die Brücken im Val d'Orca niedergingen und wie es diesem kleinen Dorf gelang, fast gänzlich autark zu werden, von einem Netz gemeinsamer Interessen zusammengehalten. Ich kann nachempfinden, wie es war, als der Schatten der Gestapo über der Gegend lag, lese von den kursierenden antideutschen Ressentiments, von Nöten und Alltagsängsten.

Rolf Dieter Brinkmanns Römisches Tagebuch *Rom, Blicke*[76] hat mich damals fast ein Jahr begleitet, das Buch eines Menschen aus einer kranken und verzweifelten Zeit. Die Notizen, Photos, Pläne, Zeichnungen, Collagen haben mich in ihrer zeitkritischen Konsequenz fasziniert: eine Art Verfall- und Abfall-Poesia. Hier geht es um ein Tagebuch ganz in der Tradition der Rom-Tagebücher von umweltkritischem Format und äußerst realistischem und aufsässigem Ton – ein Nachfolgebuch zu Corrado Alvaros *Ultimo Diario*, zwischen 1948 und 1956 in Rom verfaßt. Wie Alvaro fügt auch Brinkmann Steinchen an Steinchen zum Sittenbild einer kaputten, korrupten, tourismusverseuchten und nervtötenden Stadt, die dennoch ihre Attraktion und Kraft noch nicht verloren hat, das Ganze versetzt mit ungenierter Kritik an deutschen 68ern und ihrer Mentalität. Nur daß die Verschandelung von Stadt und Menschen in ihrer Fick-, Konsum- und Kommunikationssüchtigkeit inzwischen noch gründlich zugenommen hat. Und da das alles so weitergeht, warte ich ab, bis der nächste kommt und ein neues Rom-Tagebuch schreibt.

Rolf Dieter Brinkmann

Und noch etwas: Deine Italien-Mentalität ist mir, da ich nun hier bin, äußerst schwer verständlich. – Da hockt ein Blinder abends im dichten Passantenverkehr und spielt deutsche Operettenlieder auf dem Schifferklavier, während seine Musik über einen Verstärker und Lautsprecher, der vor ihm steht, elektronischen Klang erhält. – Oder eine Kolonne von 3, 4 Wagen, mit den Fah-

nen des italienischen Staates aus den Seitenfenstern gehalten, fährt vorbei, umkreist den schäbigen Platz Bologna, wo ich einkaufe, Musik über Lautsprecher, und dann das Gewirre von Handzetteln, ich hebe einen Zettel auf, es ist für einen Film, in dem die Geschichte des italienischen Königshauses berichtet wird – also, nee, sie müssen wohl hier noch mal eine Menge lernen, auf Ruinen stolz zu sein, gilt nicht – die Straßenverschmierungen sind durch Sprühdosen Slogans und Plakaten enorm, bedrückende Wohnblöcke im Viertel ringsum. – Und die Küche?: Du lieber Himmel, ich mache mir meinen sanften Porree, das Fleisch ist miserabel, und dauernd Pizzas? – Mein Sinn geht nach Norden, und so finde ich es gut, wenn Du nach Helgoland gehst – für 14 Tage, 3 Wochen, Skizzen machen, salzige Seeluft, die Playboys sind zu der Zeit alle fort – vielleicht kannst Du auch eine andere Insel abtelefonieren vom Büro Deines Bruders aus und eine Pension suchen, die Dir auch vom Preis behagt? – Und notieren in Bildern, Farben, Formen, Details, hübsch realistisch und genau. – Ich komme aus dem Moor, ich habe hinter schwarze verkohlte Bahnböschungen mir gelassen, früher Rock 'n' Roll darüber geweht, verbranntes Stangenpulver, ein ausgebleichtes Kornfeld im Sommer mit hineingetretenen verwirrenden Gängen, den Geruch von blühender zerriebener Kamille, und ich bin durch Großstädte geschleift, ich bin in Urinlachen geschwommen und habe allerlei dunkle Dinge gesehen und habe einiges kurz davon gekostet – was also solls, was die »moderne« Welt mir zu bieten hat? Show-Business? So komme ich hier unter den Künstler-Show-Leuten auch seltsam aus, ich habe mir meinen Bereich abgesteckt.

Und »Sex« schreibst Du? Gewiß habe ich ein Interesse daran, immer, aber wie sehen die Umstände aus? Was ist jeweils dabei zur Seite zu räumen? Wieviel Wortkulissen, wieviel widersprechende Regungen, wieviel Werte? Wieviel an Civilisationsschrott? Und dann: welche enorme Anstrengung ist vorher zu tätigen in Bezug auf das Ergebnis? Eine verfahrene, eine verlogene Situation. (Was hast Du gemeint, da Du schreibst, »Ändere ich etwas da«? Und das Ich war unterstrichen. Das habe ich gar nicht verstanden.) (Wohin ging der Gedanke?) (Und wie könntest Du etwas ändern?) (Wie kann jemand überhaupt bei jemandem etwas ändern oder in einer Situation? Alles übertriebene Selbstansichten, die Determinationen gehen viel tiefer als der Verstand wahrhaben will bis in spezielle einzelne Situationen zwischen Leuten. Daraus kann keiner. Also was heißt Dein hieroglyphischer Satz? Mir nicht verständlich.)
Und dann, was ich gelegentlich bei Dir, Euch sah: welche dürren, nichtssagenden Gespenster, ein armer schwuler Junge, immer auf Reisen, ein bürgerlich-konservativer kleiner Filmstudierender mit Flugschein für Tunis von Neckermann, ein Panzergrenadier aus einer reichen Familie mit VW und Ferien in den Bergen, – was für ein Wachsfigurenkabinett, und zwar deswegen Wachsfigurenkabinett, weil sie bis in Einzelheiten ihres Verhaltens, in kleinste geringste Details bereits erloschen waren, was ihre eigene Ausprägung ihren Anspruch auf sich selbst betraf – bin ich denn in ein Kuriositätenkabinett gelangt? Was kann überhaupt daraus Wichtiges, Ernstzunehmendes kommen?/Gottseidank, hab ichs immer nur gesehen.[77]

XIII.
Literarische Tagebücher

Als ich mir sicher war, »Künstlerin« werden zu wollen, las ich mit Vorliebe Künstlertagebücher, von Malern wie Dürer, Delacroix, Klee, denn ich wußte lange Zeit nicht, ob ich nicht doch lieber Malerin werden wollte. Neugierig und mit nicht zu stillendem Wissensdurst trieb ich mich in den Welten »verwandter« Seelen herum, in denen ich mich wiederfand. Ich ging schließlich zu Schriftstellern über, die über ihre Existenz und ihre Arbeit sprachen, den schöpferischen Prozeß. Erst kurz vor dem Studium, mit Achtzehn, entdeckte ich die Tagebücher der schreibenden Frauen.

Meine eigenen Tagebücher begannen sich ab dem 15. Lebensjahr zu verändern, wurden dicker und theatralischer, gespickt mit Attributen meines erwachenden Künstlerlebens: Sie enthielten Fahrscheine, Einladungen, Photos, Konzert- und Theaterprogramme, in den Zeitungen abgedruckte Gedichte verehrter Dichter, Bierdeckel, die Locke einer Freundin, den Waschzettel zu meinem ersten Parfüm, Heiligenbilder und Schauspielerphotos. Und immer wieder Goethe-Bilder, Majakowski, schließlich Camus, jenes Bild, das später auch während meines Studiums meine wechselnden Buden zierte, dieses eindrucksvolle, schöne und ernste Bild mit der Zigarette im Mundwinkel. So wurde mein Tagebuch so etwas wie ein Sudelbuch, in dem ich alles eintrug, was mit meiner künftigen schöpferischen Existenz als Dichterin, Frau und Geliebte zu tun hatte, ein Tagebuch noch ohne Gestalt, weil es viel zu weitschweifig und zu reichhaltig war. Das Schauspiel eines unvollkommenen, narzißtischen, suchenden Geistes, eingeschmolzen in diesem Tagebuch, das für mich zweifellos die Vorform zu einem Roman meines Lebens bildete, wenn es das nicht schon war.

Schreiben! Leiden! Lieben und leben! Seelisch wachsen! Sterben und werden! Kämpfen!

»Also waren deine früheren Tagebücher recht dramatisch?«

»Das kannst du wohl sagen! Schon die Schrift – ein wildes Stakkato, das sich über die Seiten zieht, wenn ich nicht aus noch ein weiß, seitenlange Klagen über die Banalitäten des Lebens, ablaßartige Vorhaben der Größe, mit erstem Ansatz zu dichterischer Sublimation.«

»Und?«

»Schauerlich, wenn du es wissen willst! Überstiegen und voll Selbstüberschätzung, peinlich in seiner Gleichgültigkeit gegenüber allem, was außerhalb meines kleinen Lebenskreises war.«

»Das kann man doch von einem Menschen deines Alters damals auch nicht anders erwarten.«

»Doch. Schließlich habe ich von Auschwitz und Hiroshima gewußt. Daß ich mir nicht unrecht tue: Über eine Ausstellung mit Auschwitz-Dokumenten habe ich in meinem Tagebuch ausführlich berichtet ...«

»Na siehst du.«

»Trotzdem. Ich habe zufällig erst neulich darin geblättert. Ob ich da nun etwas weitergesponnen habe, was meine Mutter meinem Vater vorwarf, oder nicht: Diese grauenvollen Bilder haben mich zwar getroffen und in meinen Träumen verfolgt, doch habe ich nur leidend darauf reagiert. Ich spüre hinter meinen Aufzeichnungen den Vorbehalt, daß es zuviel war, was man mir zugemutet hat.«

»Aber das war doch wohl auch so …?«

»Versteh mich recht: Diese Bilder haben bei mir doch nur eine verhängnisvolle Empfindlichkeit mobilisiert. Das hätte doch damals zu einem ganz anderen Erlebnis führen können.«

»Ich muß darüber nachdenken. Ich weiß nicht, ob du da nicht von dir zu viel verlangst.«

Nach dem Nietzsche-Motto: »Wer erkannt hat, was groß ist, muß danach leben« begann ich das Tragische zu lieben. Dostojewskis *Tagebuch eines Schriftstellers* und Hesses *Krisis* oder Rilkes Tagebuch begleiteten mich durch die Jahre. Musils *Tagebücher der Frühzeit*: »Einundzwanzig Jahre! An meiner Lebenskraft zweifelte ich nie. Aber wie soll's mit der erwählten Kunst gehen?« Rilkes Aufruf zur Einsamkeit. Leo Tolstois *Geheimtagebuch*.

Mich faszinierten die philosophischen und erotischen Bedrängnisse und Obsessionen, die Manifestation des Intimen. An Søren Kierkegaards *Tagebuch eines Verführers* war es schon der Titel: Ich mußte es haben, ganz davon überzeugt, ihn zu verstehen. Mein Durst nach Schöpferischem mit Privatem gekoppelt war kaum zu stillen.

Friedrich Nietzsche, »Selbstbeobachtung«

Sie betrügt.

Erkenne Dich Selbst.

Durch Handeln, nicht durch Betrachten.

Die sich an einem Ideale messen, lernen sich nicht kennen außer in ihren Schwächen. Aber auch deren Grade sind ihnen unbekannt.

Das Beobachten hemmt die Energie: es zersetzt und zerbröckelt.

Der Instinkt *ist das Beste.*

Die Selbstbeobacht. eine Waffe gegen fremde Einflüsse.

Die Selbstbe. Als Entwicklungskrankheit.

Unsere Taten müssen unbewußt geschehen.[78]

In den *Pensées* von Pascal fand ich, selbst zwischen Skylla und Charybdis, mich selbst definiert. Auch ich stand zwischen zwei Abgründen. Daß der Mensch, sofern er begänne, sich selbst zu studieren, entdecken würde, daß er nicht über sich hinausgelange: Diese Weisheit Pascals habe ich offenbar »überlesen«.

Später, während des Studiums, las ich Jünger, Canetti, Carossa, Camus und Pavese, immer wieder Pavese. *Das Handwerk des Lebens*, sein *Tagebuch 1935–1950*[79], begleitet mich immer noch. Es ist, wie Nabokovs *Ada oder das Verlangen* – Nabokovs schönster Roman – eines jener Bücher, die auf meinem Schreibtisch liegen, wenn ich schreibe: Beide so symbolreich, voller Bilder und Mythen, daß sie mir Kraft und Phantasie geben, wenn ich sie nur berühre. Doch was wie ein Zauberteppich Nabokovs ist, den er über meinem Schreibtisch abgeworfen hat, ist bei Pavese ein fortschreitendes Schreiben zum Tode. Doch liebe ich dieses »Diario«, weil es auf eine andere Weise voll Leben ist, liebe es wegen seiner Vergötterung der Anfänge und der Erkenntnis seines eigenen Scheiterns, liebe seine kraftvoll-mythischen Bilder, seine Gespräche vor dem Spiegel und mit dem Tod. Sein Selbstmord hat mich immer wieder beschäftigt, in dem ich etwas Mythisches fühle, und seine letzten Sätze haben mich bis heute nicht losgelassen: »Nicht Worte. Eine Geste. Ich werde nicht mehr schreiben.«

»Ist es nicht eigenartig, daß viele Schriftsteller, deren Tagebücher mir viel bedeuten, Selbstmord verübt haben? Pavese, Klaus Mann, Tucholsky, Eugen Gottlob Winkler …«

»Du warst immer hinter der Einzigartigkeit her, sie wird durch einen Selbstmord noch verstärkt. Mich hat mehr der Ausgleich, die Aussteuerung interessiert. Jetzt allerdings …«

Ich spüre, wie ich erschrecke und rasch abwehren will, was hinter diesen letzten zwei Worten stehen mag. Ich wende mich ihr zu und blicke sie an.

Die Zeit, die wir uns schweigend ansehen, ist lang, und je mehr Menschen nun ins Archiv strömen, die es noch sehen wollen, ehe es schließt, desto intensiver wächst in mir das Gefühl für ihre Einsamkeit und Verlassenheit. Nach einer Weile wage ich es, leise zu fragen: »Was meinst du damit?«

»Ich habe die Kapseln immer bei mir.«

Inmitten all der Menschen fühle ich mich hilflos und einsam und doch mit ihr verbunden. Ich sehe die Schwermut in ihrem Gesicht. Angstvoll und ein wenig voreilig sage ich: »Gehen wir ein wenig spazieren.«

»Ich gehe allein.«

Sie geht.

Durchs Fenster beobachte ich Eva da unten, nachdenklich und aufgewühlt. Ich überlege gerade, ob ich ihr nicht nachgehen soll, um meine eigene Spannung zu lösen, da sehe ich, wie sie sich auf einem der Stühle auf dem Platz niederläßt, ihr Tagebuch hervorholt und schreibt.

Lange blicke ich auf sie hinab. Sie erscheint mir wie aus weiter Ferne, unklar und fremd, als sähe ich sie im Schlaf.

Es ist die diffuse Distanz zwischen uns, die das bewirkt. Es ist meine Angst, wie ich da stehe, hinter dem Fenster im verschwimmenden letzten Licht des Tages.

Klaus Mann hat viele Schriftstellerkollegen und Freunde durch Selbstmord verloren, und wie Paveses Tagebuch durchzieht auch seines von Anfang an der Gedanke an den Tod, Konsequenz seiner tiefen politischen Enttäuschung und Unfähigkeit zu deutscher Unverbindlichkeit. Eugen Gottlob Winkler nahm Gift, sich beim Sterben im Spiegel betrachtend, und Tucholsky endete sein Leben nach den Worten: »Immer Suchen ist nicht schön. Man möchte auch mal nach Hause.« Seine *Q-Tagebücher 1934–35*[80] offenbaren gleichermaßen seine vielfältige Aktivität wie seine wachsende Bereitschaft zum Tod.

Sie alle sind ihrem natürlichen Tod zuvorgekommen, sie haben – noch einmal Pavese – »aus einem guten Grund den wichtigsten Akt des ganzen Lebens vollzogen«.

»Das Tagebuch als Spiegel« heißt ein Kapitel in Hans Mayers *Wendezeiten – Über Deutsche und Deutschland*[81], in dem er die Selbstspiegelung der Tagebuchschreiber André Gide, Robert Musil und Klaus Mann behandelt, ihr Sich-Anstemmen gegen den Tod: »Der Spiegel ist immer dabei: ob sich ein armer oder ein reicher Mensch, ein Erfolgreicher oder eine gesellschaftliche ›Niete‹ vor das Tagebuch setzt und das vergangene Leben rekonstruieren möchte.«

Die zahlreichen Neueditionen oder Neuauflagen von Tagebüchern in unserer unmittelbaren Gegenwart offenbaren das steigende Bedürfnis der Zeit nach Selbstkorrektur. Goethe, dessen gründlich überarbeitete und ungeglättete, kommentierte Tagebücher demnächst im Rahmen einer Gesamtausgabe erscheinen werden[82], ging es um den Vorgang der Befreiung der menschlichen Persönlichkeit – den Weg, den sein Lebensroman nahm, werden wir in den nächsten Jahren bis ins Detail verfolgen können.

»Nirgendwo begegnet er uns menschlicher als in den Anfechtungen des Zweifels, den er den Heften anvertraute«, schreibt Klaus Harpprecht in seiner 2253-Seiten-Biographie über Thomas Mann[83], in Wahrheit ein leidenschaftlicher biographischer Roman, voll kritischem Sinn für das einzelgängerische Künstlertum Thomas Manns. In seinem Denken nehmen seine Tagebücher als Ausdruck seines »bürgerlichen Selbsthasses« (Harpprecht) und seines Verlangens nach geordnetem Leben eine große Rolle ein. Thomas Mann hat seine alten Tagebücher 1942 als Emigrant im kalifornischen Exil und als »Ausländer feindlicher Herkunft« selbst ein- und ausgeräumt und dabei darin geblättert, die »Abtrennung von Deutschland« schmerzlich empfindend: »Über das Falsche, Schädliche und Kompromittierende des Tagebuch-Schreibens, das ich unter dem Choc des Exils wieder begann und fortführe, um diese Geschichte zusammen mit meinem Alltag zu notieren.« Ihm graut vor dieser Konfrontation mit der Vergangenheit, graut vor den »alten Dingen«.

Der soeben erschienene Band der Tagebücher Thomas Manns, die *Tagebücher 1953–1955*[84], schließt die letzte Lücke dieser Dokumentation, die Manns Bestreben um den Ausgleich zwischen Ich und Sein zu finden sucht: »Diese Tagebuchaufzeichnungen«, so Thomas Mann, »wieder aufgenommen in Arosa, in Tagen der Krankheit durch seelische Erregung und durch den Verlust der gewohnten Lebensbasis, waren mir ein Trost und eine Hülfe seither, und gewiß werde ich sie fortführen. Ich liebe es, den fliegenden Tag nach seinem sinnlichen und andeutungsweise auch nach seinem geistigen Leben und Inhalt fest zu halten, weniger zur Erinnerung und zum Wiederlesen als im Sinn der Rechenschaft, Rekapitulation, Bewußthaltung und bindenden Überwachung …«

Im letzten Jahr fühlte Thomas Mann seine körperliche Schwäche, ahnte seinen Tod. »Schrecklich zu denken, daß ich meine Produktionskraft überlebe, da bin und nichts mehr zustande bringe.« Er ist voll Zweifel an seiner eigenen Arbeit, kritisiert sich selbst unnachsichtig und scharf, fast gnadenlos. Dennoch wird es nicht ruhig um ihn, sein 78. Geburtstag ist turbulent: »Seltsam festlich geräuschvolles Abschnurren des Lebensrestes.«

Sein Tod ist sanft, umgeben von seiner Familie. Klaus Harpprecht in seiner einfühlsamen Biographie: »Noch im Sterben hatte er Glück. Der Tod war, wie es dem Sohn des neunzehnten Jahrhunderts und der späten Romantik angemessen zu sein schien, als Freund Hein gekommen, nicht als der schreckliche Würger, der er ist.«

Lebenserzählung und Werk-Analyse zugleich liefert uns die Fülle der Tagebücher, die neu erschienen sind: Friedrich Georg Jüngers Tagebücher, die Tagebücher Hans Carossas, Arthur Schnitzlers, Paul Valérys, Georg Forsters, Theodor Fontanes, Thornton Wilders – eine kritische und skeptische Anthropologie.[85]

Max Frischs *Tagebuch 1946–1949* ist kein »echtes« Journal, der Titel ist vielmehr irreführend. Zwar offenbart sich der Autor, und der Tagebuchcharakter ist auch in der chronologischen Folge der Eintragungen gewahrt. Doch skizzierte Frisch, Architekt, der sich zunächst nur im Nebenberuf der Schriftstellerei widmete, zwischen seinen Alltagsnotizen manchmal gar den Entwurf zu einem neuen Stück. So ist, durch geschickte Montage, eine Sammlung von nachdenklichen, selbstkritischen und handwerklichen Notizen entstanden, voll Distanz zur gegenwärtigen Geschichte und gedanklicher Brillanz. Die Anlässe sind längst vergessen, doch die Gedanken Frischs, die sie auslösten, sind uns erhalten geblieben.

Zwanzig Jahre später schrieb Frisch nochmals ein Tagebuch für die Öffentlichkeit, das *Tagebuch 1966–1971*.[86] Inzwischen waren die Romane *Stiller*, *Homo faber* und *Mein Name sei Gantenbein* erschienen. Vielleicht hatte Frisch nach diesen Erfolgen das Bedürfnis, seinen Standort neu zu bestimmen. Wieder Frisch als sich fragende, selbstkritische Instanz. Neu daran sind der Fragebogen und das Selbstverhör. Er befragt sich nach Themen wie Liebe, Freundschaft, Geld, Heimat, Humor und Gewalt. Auf diese Weise gelingt es ihm ganz unaufdringlich, die Dinge in Frage zu stellen. Eine Bilanz seiner Werke der letzten zwanzig Jahre, in der er das Motiv des Alterns immer wieder streift.

Das *Tagebuch 1920* von Isaak Babel[87] – er tarnte seine jüdische Identität in der Zeit seiner Tätigkeit als Korrespondent des russisch-polnischen Krieges mit einem russischen Pseudonym – hatte man bereits verschollen geglaubt. Doch es wurde von Babels Witwe zusammen mit den Manuskripten, die bei seiner Verhaftung 1939 in den Lagern des NKWD verschwanden, ehe man Babel ein Jahr später erschoß, gerettet.

»Ich habe hier zwei Wochen der Verzweiflung erlebt«, schreibt Babel in einem Brief, den man dort fand, »die kam von der furchtbaren Grausamkeit, die hier keinen Augenblick lang aussetzt, und davon, daß ich begriffen habe, wie untauglich ich für das Werk der Zerstörung bin … die einen werden die Revolution machen, und ich werde … das besingen, was sich abseits findet, was tiefer sitzt.«

Der Band enthält auch »Skizzen und Entwürfe«, Dokumente seines literarischen Arbeitsprozesses, der die Perspektive auflöst zugunsten reduzierter Formelemente, die dann neu gruppiert werden. Das Tagebuch belegt, daß Babel bereits an der Front mit diesen Formen zu spielen begann.

Thomas Mann

Zürich, Montag den 15. IX. 52

Schweres Einschlafen, nächtliche Exzitation. Wiederholter Thee mit roter Kapsel. Dann ruhig geschlafen. 9 Uhr Kaffee-Frühstück. K. zur Stadt. Der Wagen zum Überholen. – Brief an Dr. Br. Boesch zum Dank für seinen Aufsatz. – Spaziergang mit K. im Gebiet des Grand Hotel. Schönste Kur-Promenaden. Auftauchende Idee die Monate bis zum Frühjahr nach der Italien-Reise hier im Waldhaus zu verbringen. – Sonne. Scheint in die Zimmer. Nach Tische in der Halle Zeitungen. Näheres vom Frankfurter Schauspielhaus. Muß wohl annehmen. – Entwicklung eines sonderbaren Blut- oder Lymphebeutels unter der linken Brust, juckend, auch schmerzhaft, entzündlich. Begann als juckender Pickel, furunkelartig, verhärtete sich, wuchs, und heute entdeckte ich verdutzt im Spiegel die schwarze, bewegliche Zyste. Der Chirurg Dr. Piedermann, von Katzenstein empfohlen kam, war befremdet, hatte nie dergleichen gesehen. Im Augenblick war kein Operationssaal frei. Es verlief so, daß wir um 7 zu Abend aßen und nach 8 nach Hirslanden fuhren. Dort unter der Obhut von 2 Schwestern auf dem Operationstisch unter starkem Licht. Feststellung, daß in dem Blutbeutel ein zappelndes Insekt eingeschlossen war. Seltenes Vorkommnis, vom Doktor und den Schwestern nie gesehen. Anaesthetisierung und Operation. Entfernung weiterer verhärteter Haut aus Besorgnis, daß Eier vorhanden sein könnten. Verpflasterung. Der Doktor fuhr uns nach Hause. Abgespannt. Rauchend las ich noch etwas. Nahm stärkeres Sekonal und ging zu Bette. – Die Schwarze Spinne von Gotthelf.[88]

»Es stimmt, ich bin nicht authentisch. Bei allem, was ich fühle, weiß ich, noch bevor ich es fühle, daß ich es fühle. Und dann fühle ich es nur noch halb, vollauf damit beschäftigt, es zu definieren und zu denken. Meine größten Leidenschaften sind nichts als Nervenregungen. In der übrigen Zeit fühle ich hastig, und dann lege ich es in Wörtern dar, ich drücke ein bißchen hier, übertreibe ein bißchen dort, und schon ist ein vorbildliches Gefühl konstruiert, das sich in einem gebundenen Buch unterbringen läßt.« Diese verblüffend ehrliche und schonungslose Selbstdiagnose, die gleichzeitig auch den moralischen Bankrott des Literaten ausspricht, lesen wir in Jean-Paul Sartres Tagebuch.[89] Die Auslieferung eines sich nicht mehr geborgen fühlenden Menschen unserer Zeit, der hier bereits seine Gedanken zu seinem Hauptwerk *Das Sein und das Nichts* formuliert. Betrachtungen, die er während seiner Mobilisierung im Elsaß 1939/40 schrieb, die wiedergefunden wurden – andere, einem verwundeten Freund im Zug abhanden gekommen, müssen wohl verlorengegeben werden. Sartre, der dieses Tagebuch als Dokument eines »normalen« Soldaten verstanden wissen wollte, hat es durchaus in Hinsicht auf seine Leser geschrieben, ein »echtes« Tagebuch ist es also nicht. Der Abstand eines Mannes, in die Sinnlosigkeit des Krieges eingebunden, zu sich selbst und zu seinen Kameraden, ist erstaunlich, und die Beobachtungskraft, mit der er Gruppenkonflikte schildert, ist scharfsinnig und ohne Illusionen: »Mir ist, als hätte ich sie immer schon nackt gesehen. Ich denke, daß wir trotz dieser groben blauen Jacken und Hosen im Zustand völliger Nacktheit leben.«

Faszinierend genaue, auch sarkastische und witzige Episoden aus dem Kriegsalltag wechseln ab mit Reflexionen über Freiheit und Liebe, Verantwortung, Willensbildung und Aufrichtigkeit. Er bereut die Zeit nicht, sondern nutzt sie, kann, darf sie nutzen, liest Marx, beschäftigt sich mit Kafka, Koestler und den Tagebüchern von Julien Green und André Gide, voll schmerzlicher Gier, »mich fühlen, mich leiden zu sehen, nicht um mich selbst zu erkennen, sondern um alle ›Naturen‹ zu erkennen, das Leid, den Genuß, das In-der-Welt-sein«. Er führt sein Tagebuch mit widersprüchlichen Gefühlen:

Ich verabscheute Tagebücher, und ich dachte, daß der Mensch nicht geschaffen ist, sich selbst zu betrachten, daß er seinen Blick immer nach vorn richten muß. Ich habe mich nicht verändert. Mir scheint nur, daß man unter besonderen Umständen und wenn man im Begriff ist, sein Leben zu ändern wie die Schlange, die sich häutet, diese tote Haut betrachten kann, dieses spröde Bild der Schlange, das man hinter sich läßt, um Bilanz zu ziehen. Nach dem Krieg werde ich dieses Heft nicht weiterführen, oder wenn ich es weiterführe, werde ich darin nicht mehr von mir sprechen. Ich will nicht bis ans Ende meiner Tage von mir selbst heimgesucht werden.[90]

XIV.
Tagebücher der Nähe – Tagebücher von Frauen

Das Entstehen meines Tagebuchs hatte etwas mit Erwachen zu tun, mit dem Leben, das ich mir zu erschließen suchte, mit einer aufdämmernden Distanz zu magischer Eingebundenheit und mit Einordnung in eine Welt, der ich allmählich eine bestimmte Gestalt zu verleihen vermochte. Auftauchen aus der traumhaften Stummheit des jungen Mädchens, Loslösung von der allzu starken Fixierung auf das Ich. Je stärker ich dieses Ich betonte, desto feindlicher erschien mir die Welt. Je mehr ich mir das Du erschloß, desto bewußter wurde ich mir meines Ichs.

Um in einer Welt der Täuschungen leben zu können, mußte ich mir eine neue gründen. Keine chaotische, in der nicht einmal meine Vorfahren wahr zu sein schienen (denn meine Väter betrogen mich allesamt um ihr jüdisches Erbe, indem sie es verleugneten), sondern eine authentische Welt, schwer zu formen um meine schwankende Identität.

In meiner Beziehung zu Anne Frank lag etwas Geschwisterliches, eine Zärtlichkeit, die noch näher und sinnlicher gewesen wäre, hätte ich damals den ungeglätteten Wortlaut ihrer Tagebücher gekannt. Anne war meine Wegweiserin und die Gefährtin meiner Jugend, und in der fast familiären Vertrautheit, meinem angstvollen Miterleben und meiner leidenschaftlichen Teilnahme an ihrem Schicksal lag eine Ahnung von jüdischem Weltempfinden, das der Beschäftigung mit ihr entsprang. Ohne sie und die Geschichte unserer Beziehung, ausgelöst durch ihr Tagebuch, wüßte ich heute nicht, wer ich bin, und ich fühle mich ihr und ihrem Tagebuch zu tiefem Dank verpflichtet.

Tagebuch eines halbwüchsigen Mädchens

1. Juni: *Gott, was wir heute erlebt haben! Das ist gräßlich; es ist also doch wahr, daß man sich ganz* auszieht, *wenn man jemanden rasend gern hat. Ich habe es nie recht geglaubt, und die Dora offenbar auch nicht, obwohl die Mad .... es ja angedeutet hat; aber* es ist wahr. *Wir haben uns* mit eigenen Augen überzeugt. *Ich sitze gerade und lese den Schimmelreiter von Storm und die Dora richtet sich Briefpapier her für Franzensbad, da kommt die Resi und sagt: Fräulein Dora, bitte auf einen Moment, etwas anschauen! An dem Ton merke ich gleich, daß etwas los ist und renne mit. Zuerst will die Resi nicht sagen, was es ist, aber die Dora ist großmüthig und sagt: »Das macht nichts, vor meiner Schwester können sie* alles *sagen.« Und da gingen wir ins Zimmer der Resi und schauten hinter dem Vorhang hinüber ins Mezzanin. Dort wohnt nämlich ein junges* Ehepaar*!!! Das heißt, die Resi sagt, die Leute sagen, sie sind gar* nicht *verheiratet, sie leben bloß mitsammen!!!! Also was wir sahen, war gräßlich. Sie war wirklich*

ganz ausgezogen und lag im Bett nicht einmal zugedeckt, und er kniete vor ihr auch ganz n .... und er küßte sie am ganzen Körper ab, überall*!!! Die Dora sagte nachher, deswegen ist ihr übel geworden. Und dann stand er auf und – nein, das kann ich nicht schreiben das ist zu gräßlich, das vergeß ich in meinem Leben nicht. Also* so *ist das, das ist einfach furchtbar. Das hätte ich nie geglaubt. Die Dora ist ganz schneeweiß geworden und hat so gezittert, daß die Resi schreckliche Angst bekam. Und ich habe vor Entsetzen beinahe geweint und doch habe ich auch lachen müssen. Ich habe mich wirklich gefürchtet, daß sie ersticken muß, weil er so groß und sie so klein war. Und die Resi sagte dann, er ist entschieden zu groß für sie, er zerreißt sie beinahe. Also zerreißen wohl nicht, aber erdrücken hätte er sie wirklich können. Die Dora mußte sich vor Schrecken niedersetzen und die Resi brachte ihr schnell ein Glas Wasser, weil sie glaubte, sie würde ohnmächtig werden. So habe ich mir das nicht vorgestellt und die Dora offenbar auch nicht. Sonst hätte sie nicht so gezittert. Also schließlich, was* sie *deswegen zu zittern braucht, sehe ich wirklich nicht ein. Deswegen braucht man doch nicht zittern, man heiratet ganz einfach nicht, dann braucht man sich nie ausziehen, und Gott, die arme Mademoiselle, die ist auch nicht besonders groß und der Oberleutnant ist sehr groß.*[91]

So wurde mein Übergang von der Frauenfamilie ins Alleinsein in der Welt von Frauenstimmen begleitet.

Bald den Stimmen zweier österreichischer Dichterinnen, Ingeborg Bachmann und Ilse Aichinger. Zwei Frauen, die schrieben! Meine geheimen Sehnsüchte bekamen eine Sprache, und ich konnte in meinem Tagebuch darüber nachdenken.

Ich hatte darunter gelitten, das Sujet allein im Tagebuch zu sehen. Nichts hatte so recht zusammengepaßt: meine Gedanken, meine Wünsche nach »Künstlertum«, meine Handlungen. Ich lebte von Zitaten männlicher Geister und Fragmenten fremder Schicksale, ich nährte mich von fernen Sätzen. Plötzlich nahm mein Empfinden Gestalt an. Das Schreiben war in mein Leben getreten, die Idee vom langsamen, genauen Beobachten und Verfolgen von Prozessen, von Entwicklung und Zu-Ende-führen.

Ich entdeckte die Literatur der Frauen, damals waren es noch nicht viele. Las Ingeborg Bachmann, Ilse Aichinger, Marie v. Ebner-Eschenbach, gegen die ich, in der Schule damit bedrängt, Vorbehalte hatte, doch ihre Erzählung *Erste Trennung* hat mich besiegt. Las Gertrud Kolmar, Bettina von Arnim, Colette. Las *Die Tagebücher* von Marie Bashkirtseff.

Die Reventlow! Meine alte zerfledderte Dreißiger-Jahre-Ausgabe aus dem Albert Langen Verlag! Ich verstand so gut, was sie fühlte und wollte, daß es mir vorkam, als sähe ich in einen Spiegel. Das »Mutter- und Hetärentum«, das sich durch ihr Leben zog, dieser schwebende suchende innere Zustand, diese wehrlose Weichheit, die quer zu ihrem starken Willen lag, diese Unruhe und dann wieder diese Seligkeit, diese Geldnot, diese Schulden, und immer diese Sehnsucht nach einem

Menschen, »dem man all seine Sehnsüchte enthüllt«. All diese fieberhaften Konflikte, dieses Doppelleben, dieses Zerren und diese Verletzbarkeit, dies Sich-Festhalten am Kind, diese immerwährenden Neuanfänge: »Ich brauche ein ganz strenges System, sowie ich das nicht einhalte, klappt es an allen Ecken und Enden nicht … Es ist doch gar nicht wahr, wenn ich meine Energielosigkeit immer draufschiebe. Es ist Mattigkeit nach allem rauhen Zuviel, ich kann nicht mehr so hart gegen mich sein, mich einfach zwingen … Immer die Tendenz der Willensmattigkeit: ach, laß es bleiben, es geht auch so. Dadurch ein ewiges Verschieben und dann wieder Überhasten, das mich ungeduldig macht.«[92] Ich las es mit Verzweiflung, Sehnsucht und Gier.

Sie war die erste schreibende Frau, mit der ich mich vollkommen identifizierte, und ich habe später, als ich, noch unverheiratet, meinen Sohn erwartete, immer wieder an sie gedacht. Endlich ein Buch zu lesen, in dem ich meine Wünsche und Ängste wiederfand, mit einer weiblichen Hauptgestalt, die alles will: Schreiben, Kind und Mann und Einsamkeit – es war ein Teil von mir, es war mir nahe. Was mich überzeugte, war die Tatsache, daß, so schwierig und so chaotisch es auch war, diese Frau ihr Leben selbst bestimmte, und ich lernte von ihr, wie ursprünglich und lebendig man damit umgehen kann. Aber auch, welche fast unüberbrückbaren Schwierigkeiten sich dabei auftun.

Franziska Gräfin zu Reventlow

28. April

Das ist das Schlimmste, zu denken, was er um meinetwillen gelitten hat, ich habe sein Leben zerstört. Wie sollte ich es jetzt wieder gut machen, und wenn er mir nur Freund sein wollte. Auch wenn ich nicht bei ihm wäre. Ich hatte doch früher die Macht, andere glücklich zu machen. Jetzt ist niemand da, an dem ich's könnte. Aber mein Kind. Das soll so glücklich sein, mein Einziges, mein Alles.

Ich denke viel über mich selbst nach. Alles ist immer quer gegangen in meinem Leben, zu Hause und später, das wahnsinnige Übermaß von Lebenskraft und die Gefangenschaft daheim. Das hat mich aus allem Gleichmaß gebracht, immer ist es übergeschlagen mit mir. Ich war wie jemand, der nicht normal seiner Weg gehen konnte, immer in Purzelbäumen. – Dann die Krankheit und dazwischen immer wieder das Überlaufen ohne Maß. Und die Menschen, die mich liebten, wollten immer das Gegenteil von dem, was ich geben konnte. So gern wollte ich mit Walter leben, ich war sehr glücklich mit ihm, aber ich konnte nicht. Es kam immer wieder über mich wie ein rasender Schwindel, gegen den kein Anstemmen half. Nur dann fühlte ich mich als mich selbst – nur keine Zügel, die ertrag' ich nicht. Und doch wollte ich ihn festhalten, warum kann er mich nicht nehmen, wie ich bin? Wir hätten unendlich viel voneinander haben können. Immer war ich im Zwiespalt, weil ich gern beides vereinigen wollte, mein eigentliches Leben ohne Zügel und einen Menschen, der zu mir gehört. Und weil ich keinem weh tun mag, weil mich das entsetzlich quält, wenn jemand unter mir leidet.

Jetzt ist's mir, als ob das Rätsel meines Ich sich in der Mutterschaft löste, als ob ich mit andern Augen sähe, alles begriffe, alles empfinden könnte und jedem Menschen, der mir nah stände, alles sein, was einer dem andern sein kann.
Aber wieder – jedem Menschen. Also warum nicht auch ihm?[93]

So viel Mut die Reventlow auch besaß, so rasch konnte sie ihn wieder verlieren, ich las es mit Vertrautheit und Zärtlichkeit. Ich war so neugierig, es selbst zu erfahren, und ich neidete ihr fast das Leiden, das ihr zur Bereicherung wurde. Denn ich litt noch viel zuwenig, soviel stand fest.

Ich hatte nicht das Herz, sie wegen irgend etwas zu verurteilen, ob sie Drogen nahm oder zwei Männer auf einmal, dieses ewig müde, ratlose Wesen mit ihrem »Tränenweidentum«, diese boaschwenkende verschuldete Kokette, die selbst zu Morphium griff, und die mit Zweifeln kämpfende, in Schulden und Zeitnot verstrickte, schwer schuftende Dichterin. Obwohl ich ihr Zu-viel-wollen und ihre Selbstverliebtheit auch mit Vorsicht sah.

Mein Ich bildete sich mit diesem Tagebuch heraus. Mag sein, daß ich sie so bewundete, weil sie es wagte, zu schreiben und ein Kind zu bekommen. Ich schätzte es, wie sie sich in Frage stellte und doch immer wieder den Weg zurück zu sich selbst fand. Für mich hat sie hat in ihrem Tagebuch ein Stück vom Kreislauf des Lebens eingefangen, von Geburt zu Geburt.

Später wollte ich es genauer wissen, wie andere es mit ihren Tagebüchern hielten. Ich las Anaïs Nin, Katherine Mansfield, Brigitte Reimann, Maxie Wander und Margarete Hannsmann. Ich suchte den ganzen Menschen, der hinter dem Werk verborgen war. Der Kampf um die Überwindung des augenblicklichen Zustands des Ichs, der tiefe und trotzige, immer mutige Vorstoß ins Innere, der vordringliche Wunsch, die Keime und Ansätze sichtbar zu machen, die nach außen drängen, all dies erschien mir bildhaft und klar.

Es war die fließende Geschichte weiblicher Bewußtwerdung, die mich in ihren Bann zog, das Auftauchen aus dunklen Gewässern, das Gehen auf dem Wasser.

Endlich kommt Eva zurück, in quälender Angespanntheit. Sie hat ihren verborgenen Kummer mitgebracht, der mich allmählich ratlos macht, den Schmerz und die Einsamkeit eines Menschen, der fremd durch die Welt geht. Doch gibt es einen Ausdruck in ihrem Gesicht, in dem es meinem ganz ähnlich wird, dann, wenn ich leide, – nicht durch einen bestimmten Zug, sondern durch ihr Wesen. Meinem Mitleid mengt sich ein besonderes Gefühl der Beteiligung und Mitschuld bei, als stamme dieses Unglück von mir.

Meine Beschäftigung mit den Tagebüchern gibt mir Gelegenheit, davon zu sprechen.

»Viele der Tagebücher von Frauen«, sage ich, »haben mir etwas klargemacht: immer wieder die Erfahrung, beiseite genommen zu werden, als sagte eine Stimme zu mir: Du und ich, wir sind die einzigen auf der Welt mit diesem Unglück, wir sind einzigartig in unserem Elend. Diese Gewohnheit zu leiden, die hast du von mir, und niemand kann uns verstehen. Etwas, das ich auch von meiner Mutter her kenne. Es ist nicht ständig da, doch es taucht immer wieder auf. Ein seltsames Einverständnis unter den Frauen, intensiv spürbar im Tagebuch.«

»Ich weiß, was du meinst. Doch ich empfinde dabei Wut. Nirgendwohin kann ich davor entfliehen! In jedem Winkel, jedem Muskel meines Körpers ist das im Untergrund verborgen. Ich hasse mich, wenn ich mich so sehe.«

»Es ist doch auch spannend, was mit dir passiert.«

»Es fällt mir so schwer, mich von außen zu sehen.«

»Und wenn du es mal versuchst? Ich hab das Tagebuch auch immer als etwas sehr Nützliches, Handgreifliches empfunden. Ich kann darin blättern und kann andere Situationen verfolgen, in denen es mir ähnlich ging.«

»Mir kommt es immer so vor, als müsse ich beim Aufschreiben etwas schaffen. So etwas wie Sammlung und Vollendung. Und jedesmal stelle ich mit Schrecken fest, daß ich auf der Stelle trete – ich komme keinen Schritt weiter.«

Anaïs Nin

Morgen werde ich in mein neues Tagebuch schreiben, meinen neuen Freund, und heute ist der letzte Tag, an dem ich Dummheiten sagen darf. Mein Bleistift spa-

ziert über das Papier, hält manchmal inne, um ein paar kleine Zeichnungen auf das Löschblatt zu kritzeln, und manchmal, um mit dem Kopf zuerst ins Tintenfaß zu tauchen. Aber was ist denn los? Was für ein merkwürdiger Bleistift! … Aha! Jetzt verstehe ich! Ich habe ihn soeben ins Tintenfaß getaucht, um das gesprochene Wort wahr zu machen. Soll ich darüber lachen? Ich glaube

schon, hi hi hi hi hi ha ha ha ha ha! Fertig? Ich schon lange; fahren wir also fort: Ich sprach von meinem Bleistift, der über das Papier spaziert und in meinem Tagebuch alle Dummheiten aufschreibt, die mir in den Sinn kommen. Ach, dieser Kopf! Im Augenblick ist er leer, an manchen Tagen ist er voll. Das ist das außerordentlichste Ding, das Gott mir auf die Schultern gesetzt hat: ein langer Kopf, der den Umständen entsprechend länger wird oder auch kürzer, derweil eine Seite rot oder blau oder grün wird, je nachdem. Ein Kopf, der teilweise mit braunem Haar bedeckt ist, das anderswo hätte angebracht sein sollen, damit es leichter zu frisieren geht. Von der Nase will ich nichts sagen (…).[94]

Es braucht Geduld, bis wir lernen, uns gleichermaßen von innen wie von außen zu sehen, gerade in Zeiten großen Schmerzes. Diese zwei Ichs einander gegenüberzustellen und aneinander zu messen.

Wenn wir uns beim Tagebuchschreiben darin üben, sind wir nicht mehr allein. Da ist jemand, der mit uns durchs Leben geht, ungeduldig, unhöflich, gespenstisch scharfblickend, kühl urteilend, genau, immens neugierig, und sein Instinkt für unsere Schwächen scheint grenzenlos. Gnadenlos verjagt er die selbstgefälligen Mitbewohner unseres Raumes.

Im Tagebuch können wir unser vergangenes Verhalten beobachten, das wir so rasch vergessen. Im Umgang mit extremen Situationen ist es von unschätzbarem Wert. Denn allzu vieles ist da in unserem Leben, das sich wiederholt, und unsere Erinnerung glättet rasch, was unser Anteil dabei war. An unser eigenes Verhalten haben wir oft nicht mehr die kleinste Spur der Erinnerung, es sei denn, wir haben es aufgeschrieben und können es verfolgen. Wir kommen häufig in ähnliche Situationen. Aber wir gelangen auch wieder heraus.

Unser Verhalten muß sich nicht in seiner Fehlerhaftigkeit wiederholen.

Das Früheste, das ich aus meiner Kindheit erinnere, ist ein Morgen. Die Läden sind geschlossen, es ist dunkel im Zimmer, aber von draußen sehe ich durch die Ritzen bereits das Licht. Das Haus ist seltsam still, und ich weine und schreie in meinem Bettchen, doch niemand kommt. Ich weiß nicht, wie lange dieses bedrohliche Alleinsein dauerte, ich weiß nur, daß ich unendlich einsam und verlassen war, und ich konnte mich nicht beruhigen.

Dieses Gefühl tauchte immer wieder auf, als hätte dieser Morgen etwas in meinem Leben bereits umrissen. Ich erlebte es in der Schule, als ich zur Strafe in der Ecke stehen mußte, in der Tanzstunde, als ich Angst hatte, übrigzubleiben, beim Tod meines Vaters und viel später, als mein Mann mich verließ. Alles wird durch die erste Erinnerung, die mich aus der Sorglosigkeit des Kindes herausführte, gefärbt. Es muß mit dieser vehementen Ablehnung in mir zu tun haben, diesem intensiven Empfinden, daß da etwas geschieht, das ich nicht will. Als hätte ich mich damals als Baby ein für allemal mit der Idee, verlassen werden zu können, infiziert. Es war mir einprägsam und unzugänglich zugleich, belastete mich und wurde doch zum Gegenstand einer sich durchs Leben ziehenden Suche, zum Thema meiner Zweifel und Gedanken.

Ich sitze in meinem Zimmer an meinem Schreibtisch, trinke Tee und lese Anaïs Nins Tagebuch. Das Buch liegt aufgeschlagen vor mir, draußen ist es dämmrig, und plötzlich erfaßt mich eine große Traurigkeit. Ich sehe gleichsam mein Leben zurück und voraus, wie ein Land, in dem vollkommene Stille herrscht, ohne die Stimme eines lebendigen Menschen. Ich werde für immer verlassen sein …

Wie das Kind damals war ich plötzlich davon überzeugt, daß mein Tag hinfort ohne einen Menschen beginnt, ohne Stimme, ohne jemand, der mich weckt und nährt. Und wie das Kind fürchtete ich, daß es keine Sonne mehr für mich geben wird, kein Leben.

Dieselbe Verzweiflung, die mich jahrelang überkam, wenn ich nicht einschlafen konnte. Das Gefühl, in diesem schrecklichen Intervall verharren zu müssen, zwischen Schlaf und Wachen, und niemand, der kommt.

»Kennst du die Tagebücher der Anaïs Nin? In ihnen habe ich damals in den siebziger Jahren vieles gefunden, was mit mir und meinen Ängsten zu tun hat. Der Versuch, sich die Selbstvergessenheit des Kindes zurückzuholen, die qualvolle Angst vor der Verlassenheit.«

»Natürlich kenne ich sie, es war ja damals eine wahre Tagebuch-Epidemie an betriebsamer Innenschau. Wir alle suchten Tiefe, Erhebung, Gefühle, seelische Situationen. Intime Enthüllungen plus weiblicher Reflexion, das Geheimnis der Obertöne. Diese Narzißtin hat ja schon zu Lebzeiten elf ihrer Tagebücher herausgebracht.«

»Künstlerisch ehrgeizige Tagebücher, deren seelischer Voyeurismus mich damals sehr angezogen hat. Sicher, vieles vom Narzißmus verzerrt. Aber sie hatte Sprache und ein ungewöhnliches Beobachtungsvermögen …«

»Selbstbeobachtung …«

»Nicht allein. Sie hat gute Beschreibungen ihres Mannes Hugh Guiler, Henry Millers, des Geliebten, ihres Vaters, von June, Henrys Frau, gegeben.«

»Figuren, gezeichnet, um sich selbst zu erhöhen. Sie ist ganz offensichtlich immer selbst der Liebling der Autorin.«

»Ich habe hinter ihren Masken Wahrheiten gefunden. Die tiefe Angst vor dem Alleinsein, die sie sogar zu einem Verhältnis mit ihrem Vater führt. Die nie aufgegebene Ehe, obwohl sie immer wieder dagegen innerlich rebelliert.«

»Ohne sein Geld hätte sie sich ihren Lebensstandard gar nicht leisten können.«

»Trotzdem. Ich fand damals viel von meiner Sehnsucht darin, aus meiner Verwirrung herauszufinden und mich mit mir selbst zu konfrontieren.«

»Mir war es fast unheimlich in seiner Übersteigerung. Eine Welt des Lugs und Selbstbetrugs, voll Machtrausch und Begeisterung, sei es über ihre eigene Schönheit, ihre tiefsinnigen Gedanken oder auch nur über sie und das Bett. Und immer ein Einschlag ›höhere Tochter‹.«

Anaïs Nin begann Tagebuch zu schreiben, als sie elf Jahre alt war. Sie begann damit auf dem Schiff, das sie vom Vater wegtrug, um ihm das fremde Land zu schildern und ihn hinüberzulocken. Sie wollte ihm ermöglichen, ihr Leben mitzuverfolgen. Ihre Mutter aber erlaubte ihr nicht, die Tagebücher abzuschicken, so wurden sie zu etwas Privatem, das nur ihr gehörte. Sie schrieb an die zweihundert Bände, die sie im Tresor einer Bank in Brooklyn aufbewahrte, und jedes Jahr kamen weitere Bände hinzu.

Tagebuchschreiben, um den Vater zurückzuholen.

Anaïs Nin

Verborgen ist das Element, aus dem diese Tropfsteinhöhle, diese Welt der Wahrheit entstand. Ich möchte jetzt, da ich mich von der weiblichen Reflexion entferne und der Kunst, der Objektivität nähere, nicht das Gefühl für das Drama des Prozesses verlieren, der Entwicklung von den ersten trüben Spiegelungen in den Wassern der Emotionen bis hin zu den Erkenntnissen des Dichters und des Analytikers. Ich fühle mich ruhig und klar. Im Anfang war ich schwülstig, chaotisch, gelegentlich hellsichtig, oft blind, ungeduldig, unvorsichtig, erlebte so vieles in so kurzer Zeit, schrieb nachlässig oder überschwenglich im Rhythmus meiner Erlebnisse.

Nun schreibe ich langsamer. Die Schüchternheit hemmt alle künstlerische Arbeit außer dem Tagebuch. In Gegenwart von anderen wollte ich immer mein bestes Kleid tragen. Ich wollte die Vollkommenheitssucht mit allen Mitteln behaupten, ich wollte nur den vollkom-

men geschliffenen Diamanten vorzeigen. Im Schutz dieser Rüstung konnte mein Herz zu einer einfachen Sprache finden. Doch mußte ich mir selbst Heimlichkeiten geloben, ich wäre sonst nicht so spontan und aufrichtig gewesen.
Jedes meiner Bücher hat mir neue Freude beschert, neue Erfahrungsbereiche, neue Welten aufgetan. Die Phantasie gibt Personen Gestalt, die in unseren dunkelsten Regionen bereitliegen. Beim Schreiben tauchen sie an die Oberfläche und nehmen in der Wirklichkeit des Buches Form an. Und dann tritt die ihnen entsprechende Person auf. Nachdem D. H. Lawrence Lady Chatterleys Liebhaber *geschrieben hatte, ist sicher eine wirkliche Lady Chatterley erschienen.*
Als ich mein Buch über D. H. Lawrence schrieb, erschien Henry. Nicht um Ruhm und Nachruhm zu ernten, schreibe ich, ich schreibe hauptsächlich, um Leben um mich her zu schaffen, um das Leben um mich her zu steigern. Ohne meine Bücher kann ich keinen Einlaß ins Leben finden. Sie sind mein Paß, mein Ruder, meine Landkarte, meine Fahrkarte. Ich schreibe auch, weil ich schreibend die von Mystikern, Dichtern, Liebenden erstrebte Vereinigung erfahre, das Gefühl, mit dem All zu kommunizieren.
Manche Passagen in meinen Büchern sind Einladungen, Erwartungen, Spannungen. Jeder, der sie genau liest, müßte den Fingerzeig erkennen und spüren: jetzt darf ich in ihr Leben treten. Das ist mein Schlüssel. Die Gelegenheit ist günstig. Ohne die Schriftstellerei bin ich furchtsam. Aus Mangel an Kühnheit kann ich ohne ihre Brücke, eine tragbare Brücke, die ich zwischen den Menschen und mir herablasse, nicht in das Leben der anderen treten.

Es ist durchaus möglich, daß mein Vater die einstige Brücke gesprengt und die Schüchternheit über mich verhängt hat. Mit jeder neuen Freundschaft biete ich unheilbarer Verwundung die Stirn. Ohne meine Bücher würde ich den Abenteuern des Lebens oft den Rücken zukehren und schließlich zur Einsiedlerin werden. Durch meine Bücher aber empfinde ich, daß ich eine Aufgabe habe. Ich bin eine Forschungsreisende. Ich muß die Länder, die ich beschreibe, besuchen. Wenn ich ein Buch schreibe, dient es mir als Sprengladung; es sprengt mich aus meiner Isolation.[95]

Ohne Zweifel war es auch ihr Narzißmus, der in den Tagebüchern der Anaïs Nin Nahrung fand. Schon in dem *Kindertagebuch*[96] ist es zu spüren. Doch zwischen Anaïs Nin und den Tagebüchern höherer Töchter, im neunzehnten Jahrhundert aus Gründen standesgemäßer Erziehung dazu angehalten wie zum Verseschreiben, liegt ein langer Weg. So verführerisch auch immer die äußere Erscheinung von Anaïs Nin war, die ich einmal, in einem blauen Cape, auf sensible, fragile Weise schön, auf dem Flughafen sah, – ihr Tagebuch hatte für mich etwas Mystisches, fast Religiöses. Naiv ist es kaum, wie etwa Marie Bashkirtseffs *Journal*, die nicht nur ihre eigene Unsterblichkeit beschließt: »Rom muß als Stadt das sein, wofür ich mich als Frau hielt. Jedes vorher und auf andere gebrauchte Wort das auf ... uns angewendet wird, ist eine Profanation.« Für Anaïs Nin hat die Erotik etwas fast Kontemplatives, und ihre Vereinigungen mit ihrem Vater erinnern an einen geheim-mystischen Dialog mit Gott: »Ich sehe in Vater das Ganze – das vollendete, geschaffene Ganze«, schreibt die fromme Gattin und Mutter von fünf Kindern Lucie Christine (1870–1908) in ihrem religiösen Tagebuch[97]: »Meine Seele war in den Anblick meines geliebten gekreuzigten Herrn entrückt …« Gelingt es jener, durch ihr Mitleiden des Gottessohnes ihr irdisches Leid zu überwinden, so brauchte Anaïs Nin dazu »Transzendenz« und zwei Analytiker, die sie von ihren Sünden lossprachen. Doch so, wie Lucie Christine das »Gefühl göttlicher Größe« sucht, so suchte auch sie das »Absolute«, sei es in der Ausschweifung oder in der Amoralität.

Müssen sich Schriftstellerinnen nicht stets mehr gegen das Ressentiment verteidigen als Schriftsteller, daß sie Leben und Literatur miteinander zu verschmelzen suchen? Gibt die weibliche Färbung der Tagebücher dem nicht Nahrung? (Der Nagezahn der Schuldgefühle, die freiwillige, oft masochistische Unterordnung unter den Mann, der hartnäckige Selbstzweifel, das »Klagebuchhafte«?) Ein Beispiel: die Tagebücher der Sylvia Plath. Ihre Kritiker arbeiten unverdrossen an der Legendenbildung der Kunstfigur Plath, um sie dann, aus einem schwer errungenen Freiraum, wieder in einem Kästchen einzukerkern.[98]

Für Virginia Woolf[99] war Dichtung die »fertige Ware«, das Tagebuch »das Rohe«, und das eine auf direkte Art abhängig von der Fruchtbarkeit des anderen. Ihre Biographin Lyndall Gordon nennt es »ihr Übungsfeld« für ihr beobachtendes Geschick und ihre Porträts (»ein tiefer alter Schreibtisch, in den sie allerlei Krimskrams werfen konnte«). Virginia Woolf notiert die Voraussetzungen: »Man muß gelebt und geliebt und geflucht und gewühlt und sich gefreut und gelitten« haben. Und als sie 1919 ihr Tagebuch wieder las, stellte sie befriedigt fest: »Ich freue mich darüber, wenn ich feststelle, wie es zu einer Person geworden ist, mit festem eigenem Gesicht.« Das Tagebuch, Alter ego, anderes Ich.

In ihren Tagebüchern können wir ihre Entwicklung als Schriftstellerin verfolgen, die Entwicklung ihrer Auseinandersetzung mit der Form ebenso wie eine Reihe sprühender, oft bösartiger und scharfsichtiger Porträts genießen. Virginia Woolf war der Meinung, daß das tägliche Tagebuchschreiben die Elastizität ihres Stils und die raschen Tempo- und Themenwechsel beeinflußte: Lockerungsübungen des Ichs.

Das im Ich Vorzufindende offenbart sich auch in den Wunsch- und Schreckensbildern unserer Träume, den Sinnbildern unseres Daseins-Entwurfes, die uns bloßlegen und gleichzeitig in verschiedenen Rollen zeigen können, je nachdem, welche unserer Traumgestalten wir als unseren »Doppelgänger« anzusehen bereit sind. Ein Vexierspiel, das schöpferisch für uns werden kann, im Auspendeln zwischen Traum- und Real-Ich. In unseren Träumen leben die Verwandlungskräfte der Götter wieder auf, die uns zu unbefangenerem und spielerischem Umgang mit uns selbst anhalten.

In den *Heiligen Reden* des Rhetors Aelius Aristides von Smyrna, die er etwa um 170 bis 179 niederschrieb, berichtet Aristides über seine Krankheiten und seine

Träume, mit deren Hilfe er den Weg zur Genesung deutete. Das Traumtagebuch, das er schrieb und das etwa 30 000 Zeilen umfaßte, ging ihm leider verloren – Aufzeichnungen, in denen er bereits damals zum Ich vordrang.

Elsa Morantes *Traumtagebuch*[100] ist ein Protokoll ganz eigener Art. Innerhalb eines halben Jahres, von Januar bis Juni 1938 geschrieben, als sie Alberto Moravia, ihrem späteren Mann, begegnete, hält sie darin ihre Träume fest, in denen sich ihre Verlorenheit wie ihre erotischen Phantasien, ihr Ehrgeiz und ihre Geborgenheitssehnsüchte manifestieren. Aufgefangen in jener Zeitspanne, die beim Menschen Sein vom Nichtsein zu trennen scheint, gelangt Elsa Morante mit diesen Aufzeichnungen über jene Grenzen hinaus, die uns sonst halten.

Jede Erinnerung an einen Traum schließt auch eine Gespaltenheit ein, wir treten aus der Geschlossenheit des Traumes hinaus. Bei Tag mit der äußeren Realität verbunden, nachts in sich versunken, gelingt es Elsa Morante, diese beiden Phasen in Protokollen eines Zwischenzustands zu verschmelzen. Weder dem einen noch dem anderen angehörend, entsteht daraus etwas Ureigenes mit »schlafwandlerischer Sicherheit«: das Traumhaft-Innere, aus dem wir hervorgegangen sind, und das Reale, Äußere, in das sie, die Schriftstellerin, wohl nie ganz eingetreten ist. In diesen leichten, schwebenden, weiblichen Aufzeichnungen, erfüllt vom Reiz und Charme des Dämmerlichts, können wir einen Blick auf jene Schriftstellerin erhaschen, die wir nicht kennen, erfahren vom Aufruhr in ihrer Seele und den Zerreißproben ihrer Sinnlichkeit (die heikelsten Äußerungen hat sie allerdings redigiert). Die innere Dramatik einer Schriftstellerin zwischen Schlafen und Wachen und ihre schwermütige Phantasiearbeit:

»In dem von heute nacht hatte ich Durst. In der Hand hielt ich ein großes Gefäß, eins von jenen hohen, wie sie die Milchmänner verwenden, und füllte es. In einem Augenblick war es voll weißlichem, mit Milch gemischtem Wasser. Welche Freude, das zu trinken! Ich erwachte mit durstverbranntem Mund, bestimmt weil ich gestern abend zu viel Cognac getrunken habe. Seltsam, während im Traum bestimmte Bedürfnisse befriedigt werden und man die ganze Freude der Befriedigung empfindet, wacht man plötzlich auf und stellt fest, daß in der Wirklichkeit dasselbe Bedürfnis unbefriedigt geblieben ist. Gibt es also besondere, traumeigene Sinne? (Über die physischen Sinne hinaus?)«

Marie Luise Kaschnitz spricht von der »Zuchtrute Tagebuch« und vom Sinn des Selbstgesprächs, notwendig für jeden Schriftsteller; der ältere Mensch verbanne zunehmend das Ich, sein Mikrokosmos bilde seine Welt. Für sie ist das Tagebuch der Ort für bereits klar umrissene Arbeitsvorhaben. In skeletthafter Form wird aufgezeichnet, was sich später mit Fleisch und Blut füllen soll, es aber nicht immer tut: Es kommt vor, daß das Aufgezeichnete Skelett bleibt und sein gespenstisches Leben allenfalls im Tagebuch weiterführt.

Sibilla Aleramo hat sich ihr Leben lang mit dem mühevollen und schmerzhaften Prozeß der Loslösung der Frauen von ihrer Unterdrückung beschäftigt. Ihre Aufzeichnungen zeigen den erbitterten Kampf um eine geistige und gefühlsmäßige Unabhängigkeit. Einen Teil ihres Tagebuchs zwischen 1940 und 1944 hat sie selbst herausgegeben, und es war ihr eine Sorge, ob sich jemand fände, der nach ihrem Tod die vollständigen Bücher edieren würde. Auch für sie ist das Tagebuch ein wesentliches Mittel zur Klarheit, zum Überleben. Mit dem Ende des Tagebuchs endet auch ihr Leben: »Weder an Sylvester noch gestern brachte ich die Kraft auf, ein einziges Wort zu schreiben, ... ich kann kaum die Augen aufhalten«, notiert sie am 2. Januar 1960. Elf Tage später ist sie tot.[101]

Sibilla Aleramos Tagebuch hat weder die nervöse Geltungssucht Bashkirtseffs oder Nins noch die Unkonzentriertheit einer Reventlow. Sie beherrscht die Kunst der Dosierung und führt ihr Tagebuch mit entsprechender Distanz.

Eine Frau, die sich mutig den Gesetzen einer rückständigen italienischen Gesellschaft widersetzte und die Folgen mit Würde und Gefaßtheit trug. Sie verließ den Mann, mit dem sie eine unglückliche Ehe geführt hatte, und ihr Kind – ein Schmerz, der sie tödlich verletzte. Sie lebte in großer Armut, trat, seit je links orientiert, mit Siebzig der Kommunistischen Partei bei und engagierte sich gegen die versklavende Familie, für die Befreiung der Frau, arbeitete als Lyrikerin und Schriftstellerin und politische Journalistin – eine Überforderung, die sie mit hoher physischer Erschöpfung bezahlte. Bei all ihrer Nüchternheit, die sie sonst haben konnte, trieb sie von einer stürmischen Leidenschaft zur anderen, trostlos über die Einsamkeit, in die sie dennoch geriet.

Es gibt wenig Frauentagebücher diesen Ranges, die eine solche Vielseitigkeit haben und diese Kraft ausströmen, voll Liebe zur Menschheit und ihrem Fortschritt, und immer am Rande des Abgrunds. Ihr Tagebuch wurde zum Kultbuch des Feminismus: In der Beschäftigung mit Sibilla Aleramo zeigt sich ein Stück weiblicher Bildungsgeschichte.

Ihre widersprüchlichen Gefühle geben dem Tagebuch Katherine Mansfields Leben[102], ihr ausgeprägter Sinn für die Welt der Bilder und für den Mythos, ihre Intuition. Zwischen Erdgebundenheit und Phantasie, zwischen Hilflosigkeit und himmelstürmendem Humor schwebend, ist die Liebe immer das Zentrale in ihren Tagebüchern gewesen, in all ihrer Widersinnigkeit.

Katherine Mansfield, die ihr Tagebuch mit Sechzehn begann, hat große Teile aus ihrem bewegten Leben aus den Jahren 1906–1912 vernichtet. Sie verfolgte seit 1912 in verschiedenen Lebensphasen den Plan, »eine Art von genauem Notizbuch« für eine spätere Publikation zu schreiben. Diese zwecks Veröffentlichung bearbeiteten Notizen sind jedoch nur ein Bruchteil des Stoffes, der das Tagebuch ausmacht, denn dazu gehören ebenso kritische Bemerkungen, nicht abgeschickte Briefe, Bekenntnisse, flüchtige Notizen, Bemerkungen zu Geschichten, die sie schreiben wollte, und Randnotizen zu Büchern, die sie gelesen hatte.

Die Meisterin der Short story und Konkurrentin Virginia Woolfs suchte das ausgesetzte Leben in erotischer Freizügigkeit. Sie pendelte wie Anaïs Nin, Colette, Virginia Woolf oder Vita Sackville-West, mit der sie eine heftige Liebe verband, gleichzeitig zwischen Mann und Frau hin und her – wie es im 19. Jahrhundert, das die Androgynität verehrte, unter Intellektuellen fast Mode war. Sie glaubte lange Zeit an Erfahrung um der Erfahrung willen und sog Schmerz und Lust begierig ein. »Ich will die Dinge auf die Spitze treiben!« schrieb sie im November 1906 in ihr Tagebuch.

Ich-Vergeudung, Ich-Auflösung, Ich-Auslöschung – narzißtische Liebesepisoden, in denen sie das Sich-Verlieren unaufhörlich zu erproben schien, voll des naiven Glaubens, daß ihr das mehr Einfälle und Schaffenskraft verlieh. Gewaltsames »vivere pericolosamente«, kleine Tode, unvermeidliche Zusammenbrüche, unmäßiges Ausleben und kleinmädchenhafte Unsicherheit. Und dies alles mit poetischer Unschuld und emphatischer Unvorsicht verknüpft – sie weiß nicht genau, wie weit sie gehen kann. Körper und Seele zügeln endlich ihre anmaßende Hemmungslosigkeit, und sie entdeckt, daß diese Lebensform sie vielmehr unsicher und unkonzentriert macht und innere Konflikte zeitigt, die unvermeidlich auf eine Katastrophe zusteuern. Auch vermittelte ihr dies Leben mitnichten die poetische Schaffenskraft, von der sie träumte, sondern mobilisierte zerstörerische Kräfte, die sie zu spalten drohten.

Vom Ausleben außer Atem, wirft sie sich – eine Kurzschlußhandlung – in eine Ehe, die ein paar Wochen währt, sie bringt ein totes Kind zur Welt. Von da ab lebt sie nur, um zu schreiben. Sie tut es meisterlich, voll Intensität des Gefühls und merkwürdig erhellender Genauigkeit im Detail – Episoden, die für einen Augenblick uns unser Innerstes offenbaren.

Jahre nach ihrer Scheidung heiratet sie ein zweites Mal – eine Ehe voll Verwicklungen und Mißverständnissen, auch voll Glück. Doch ihr wahres Reich liegt immer wieder im Ich, auch wenn sie es noch so sehr ersehnt, »von persönlichem Leiden zu größerer Liebe zu gelangen«. Sie bleibt, schwer an Tuberkulose erkrankt, dem Narzißmus verhaftet: »Ich danke dem Himmel, daß ich im Augenblick, obwohl es verdammenswert ist, in niemanden außer in mich selbst verliebt bin.«

Doch ihr Streben nach Überwindung dieser Ich-Überschätzung hat sie nie verlassen, dies zeigen die Briefe an ihren Mann John M. Murray, in den letzten Lebensmonaten geschrieben: »Aber ein warmes, volles, lebendiges Leben – im Leben verwurzelt sein – lernen, wissen wollen, fühlen, denken, handeln. Das ist es, was ich mir wünsche. Und nichts weniger. Danach muß ich sterben.«

Colette, Rosa Mayreder, Rahel Varnhagen, Henriette Hardenberg, Luise Rinser, Simone de Beauvoir, Elsa Morante, Sinaida Hippius, Selma Lagerlöf, Marie Luise Kaschnitz – viele, längst nicht alle habe ich gelesen, einigen von ihnen blieb ich treu.

An zwei Tagebücher aus der DDR fanden die weiblichen Leser in der BRD der 80er Jahre Gefallen, weil sie das ausdrückten, was man sich hier unter Selbstfindung und Emanzipation vorstellte: Maxie Wander[103] und Brigitte Reimann[104]. Zwei Frauen, vielfältig engagiert, die schrieben, voll Angst, diesem Beruf nicht gewachsen zu sein, mit Mann und Familie, beide an Krebs gestorben.

Maxie Wander, 1933 in Wien geboren, Sekretärin, Photographin, Journalistin, veröffentlichte noch kurz vor ihrem Tod die Frauenprotokolle *Guten Morgen, du Schöne.*[105] Sie beginnt ihr Tagebuch *Leben wär' eine prima Alternative* mit ihrem Einzug in die Charité,

Diagnose Brustkrebs, mit 33 Jahren. Ihre schwere Krankheit, die quälende Ungewißheit, die Alpträume des Klinikalltags, der Terror der Kranken, diese verhängnisvolle Karriere zwischen Krankenhausaufenthalten und kurzen Zeiten zu Hause, die Vereinsamung unter den Gesunden, die Auswirkungen der Psychotherapie – ein Hilferuf und eine Selbstsuche zugleich. Fünfzehn Jahre später wird Angelika Mechtel einen ähnlichen Tagebuch-Versuch unternehmen, doch diese Breitenwirkung erzielt sie nicht. Maxie Wander erzählt uns vom Tod ihrer Tochter Kitty, mit dem sie noch lange nicht fertig geworden ist, und tritt mit uns in einen ständigen Dialog über Leben und Tod, geschrieben aus der Warte einer, die nicht leben und nicht sterben darf.

Sie spricht von der Unrast der letzten Jahre, von Hektik und Ungeduld, den Ausbruchsversuchen ihres Mannes, dem Hunger nach Menschen, nun aufs Abstellgleis geschoben, einer gewissen Heimatlosigkeit. Sie unterwirft sich einer Analyse, mit der Konsequenz, daß sich ihre Selbstkritik noch verstärkt, das Selbstwertgefühl schwindet, die Schuldgefühle wachsen an, die Depressionen häufen sich: »Also taucht die alte Frage auf: Ist ein wenig Selbsttäuschung nicht lebensnotwendig? Und damit die Täuschung anderer? Darauf beruht doch unser menschliches Zusammenleben und die Welt!« Trotz dieser Einsicht der »zweifelhafte Mut, mich anzuschauen und zum ersten Mal meine Fehler beim Namen zu nennen, vor allem im Zusammenleben mit den Kindern und mit Fred.«

Einfachheit und Authentizität machen dieses Tagebuch so lesenswert, diese Aufrichtigkeit ohne Voyeurtum und diese Aufmerksamkeit für die anderen, ihre Familie, die Krankenschwestern, den Mann, Freunde, die gerade die DDR verlassen, die Verzweiflung über ihre erzwungene Isolation und Untätigkeit: »Wo bin ich hingeraten? Wo sind die Jahre geblieben. Ich sitze in Deutschland, bin bequem geworden, seßhaft, untätig – und doch ruhelos, als sagten meine ungenützten Quellen in mir: was hast du getan? Hast gelebt, als hättest du tausend Jahre Zeit. Wozu war dein Leben gut, und wie wird es weitergehen?« Und noch ihre letzte Frage, 1977, kurz vor ihrem Tod: »... Was soll ich mit dieser Krankheit machen?«

Maxie Wander

7. 5. 1972

Vor vier Jahren hatte Kitty ausgelitten. Ich erlebte den Tag und die Nacht noch einmal, litt darunter, daß wir keine »Primitiven« mehr sein dürfen, um unseren Schmerz hinauszuschreien, geriet abends, bei unserem Spaziergang durch das dunkle Kleinmachnow (o ja, wir rennen noch immer, wir rennen durch die finsteren Straßen, Hand in Hand, aneinandergeklammert!), geriet in die Wolle mit einem großen schwarzen Hund, der hinter uns herkläffte, bis ich meine Wut auf ihn entlud, um nicht ohnmächtig bleiben zu müssen. Ich beschimpfte ihn, und das Tier stand zähnefletschend vor mir ... Fred fand das traurig und unnütz, und dann zog er mich ruhig weiter, heimwärts. Ich schämte mich. Aber ich war erleichtert.

Träumte dann – bin mit Fred und meinen Eltern in einem Raum, wir sitzen still beim Tisch, plötzlich erhebt sich mein Vater und nimmt Mutter bei der Hand, sie tanzen beide hinaus. Mama wirft mir über Papas Schulter einen merkwürdigen Blick zu, halb Freude darüber, daß er wieder da war und sich um sie bemühte, halb Kummer, der sich nicht so leicht wegtanzen ließ. Immerhin hatte sie sechs Jahre um ihn getrauert!

Über den Tod.
Er ist immer noch gegenwärtig, jetzt mehr denn je. Ich ahne auch zum erstenmal die Versuchung, sich fallenzulassen, nachzugeben, alle Mühen auszulöschen. Erika fällt mir ein (aus unserer Gruppentherapie) und wie sie aus ihren schwarzen, saugenden Augen auf mich blickt und sagt: »Wozu das alles? Die ganze Mühe, die du dir machst, ist ja lächerlich. Zehn Jahre mehr oder weniger … Wenn es keine Freude mehr macht, soll man es beenden, dieses Provisorium. Es lohnt sich nicht.«
Aber vorerst ist es nur eine Ahnung, noch keine wirkliche Versuchung, der man zu widerstehen hat. Ich glaube, ich werde niemals in Gefahr kommen, mein Leben beenden zu wollen. Es ist mir zu kostbar, ich weiß von seiner Einmaligkeit, von seiner merkwürdigen Eigenschaft, nicht umkehrbar zu sein. Ich bekenne mich zu den Spannungen, die die Tatsache Leben und Tod mit sich bringt. Außerdem bin ich kein großer Philosophierer, ich leide unter dem Wissen, sterben zu müssen, vor oder nach meinen Lieben – eines so schmerzlich wie das andere. Aber ich beziehe aus diesem Wissen auch die Süße des Lebens, woraus denn sonst?[106]

Anrührend und ebenso traurig Brigitte Reimanns Tagebuch. Auch ihr begegnen wir im Schatten des Todes, doch kreist sie nie mehr als unbedingt nötig um die Leiden des eigenen Körpers.

Im Mittelpunkt ihres Tagebuchs, 1947, als sie mit 14 Jahren an Kinderlähmung erkrankte, begonnen, steht immer wieder das Schreiben. Unabhängig will sie sein, selbständig, tätig, und der Beruf bedeutet ihr alles: Er hilft ihr, die Widersprüche ihres Lebens, ihre gescheiterte Suche nach Liebe, die sie immer wieder verliert (drei Ehen), zu überwinden. Schreiben ist die ihr gemäße Lebensform, es gibt ihr das Glück, das sie sonst nicht findet. Während ihrer Krankheit verfaßte sie ihr umfangreichstes Buch, den Roman *Franziska Linkerhand*, sie stellte ihn unter Qualen, vom Krebs gezeichnet, voll Mattigkeit und Depressionen fertig – ein Versuch zu schaffendem Selbstvergessen in einem geschundenen, verängstigten Körper.

Durch dieses Tagebuch erfahren wir Wissenswertes aus ihrer Arbeit als »Autor an der Basis« beim Bitterfelder Weg, wo sie, zusammen mit ihrem zweiten Mann, den »Zirkel Schreibender Arbeiter« leitete, von ihrer Tätigkeit in einer Rohrlegerbrigade. Wir können ihre Erfahrungen aus Hoyerswerda, wo das größte DDR-Braunkohlenwerk stand, teilen.

»Jetzt bin ich wieder zu Hause«, schreibt sie am 29. 12. 1972, »kann nicht mehr laufen, nur mühsam die Hände bewegen und heule vor Schmerzen, wenn mich mein Mann mit Betäubungsmitteln rettet. Bei allem Mut (der allerdings mehr und mehr nachläßt wie auch die Zuversicht, das Ende des neuen Jahres noch zu erleben) – diesmal habe ich in der Klinik ein jämmerliches

Kapitelchen geschafft. Trotzdem soll ›Franziska‹ nun fertigwerden (rigoros gekürzt).«

Im Februar darauf ist Brigitte Reimann gestorben, der Roman erschien zwei Jahre später.

Ein Tagebuch besonderer Art schrieb die französische Philosophin Simone Weill, auch Weil, die im Spanischen Bürgerkrieg für die republikanische Seite gearbeitet und sich in London während des Zweiten Weltkriegs für die Résistance engagiert hatte, mit ihrem *Fabriktagebuch*[107]:

Mittwoch, 17. – *Wiederaufnahme der Arbeit, kühles Wetter, weniger moralisches Leiden, als ich befürchtet hatte. Ich beuge mich wieder unter das Joch.*
Keine Arbeit. Gehe zu den automatischen Drehbänken (Cuttat), die ich während des viertägigen Urlaubs studiert habe.
Bis 8.30 Uhr warte ich auf Öl.
Schrauben 4 x 10 Stahl 7010105/041916/Fräse I.
5000 zu 4,50 F, d. h. 23,50 F.
Leclerc gab kleine Serie, die Michel in drei Viertelstunden noch nicht montieren konnte. Er kommt, als Michel sich noch immer mit der Montage abmüht. »Wer hat Ihnen denn diese Stücke zur Fertigung gegeben?« Ich antworte: »Sie!« Er ist nett, weist mir andere Stücke zu; ³/₄ Stunde verloren, nicht bezahlt. Ein Gespräch mit Michel über Leclerc. Kennt er sich mit Maschinen aus? Manche kennt er, andere nicht. Michel erzählt mir, er sei zwei Monate Vorarbeiter gewesen, »abgesägt wegen

zu großer Güte«. »Aber der da ist doch nicht böse«, sage ich. Michel glaubt, er werde nicht bleiben. Aber er war schon da, als die kleine Spanierin vor eineinhalb Jahren ankam.
Schrauben C/4 x 8 Stahl 7010103/043408/Fräse I.
5000 zu 4,50 F. d. h. 23,50 F.
Ich beende sie nicht.

Beatrice Webbs Buch *Meine Lehrjahre*[108], ihre Lebens- und Bildungsgeschichte, steht in enger Beziehung zu ihrem Tagebuch, das sie als elfjähriges Mädchen führte und das sie in ihren »Lebensroman« eingebaut hat. In einer Ehe von beispielloser Produktivität und Zusammenarbeit mit ihrem Mann Sidney Webb, als Gründer der »London School of Economics« und des »New Statesman«, später als Kommunisten, waren die Webbs in der englischen Gesellschaft höchst anerkannt. Ihr Leben wurde politisch und schöpferisch, weil sie ihre eigene Entwicklung bereits sehr früh schon äußerst kritisch gesehen hat:

Ich weiß ganz gut (schrieb ich auf ein halbes Stück Notizpapier, als ich ungefähr zehn Jahre alt war), daß die Erziehung der Mädchen sehr vernachlässigt wird; man muß sich nur ansehen, was sie lesen dürfen. Zum Beispiel ein neun- oder zehnjähriges Mädchen: entweder verbietet man ihr, etwas anderes als Kinderbücher zu lesen, oder man läßt sie einfach auf eine gute Biblio-

thek los; Sir Walter Scotts Romane werden ihr empfohlen, angeblich sind es liebenswürdige, interessante Geschichten, »Bücher, die keinen Schaden anrichten«, erklärt ihr Lehrer. Aber man liest doch mit dem Ziel, Wissen zu erwerben. Ab und zu ein Roman, damit der Verstand sich erholen kann, der noch nicht gans ist (sic; dazu Fragezeichen: ganz), es bildet die Phantasie, aber wenn es die einzige Nahrung ist, wird davon manch ein junges Gemüt zerstört … Alle Gedanken (an die Schulstunden denkt ein Kind mit neun oder zehn Jahren fast gar nicht) werden dann darauf verschwendet, daß man sich Liebesszenen ausmalt oder Luftschlösser baut, wo das Kind immer die reizende Heldin ohne Fehl ist. Ich habe gemerkt, daß das für mich auch ein schlimmer Stolperstein ist; immer wenn ich allein bin, erwische ich mich dabei, daß ich wieder Luftschlösser baue; das ist eine Gewohnheit, die so tief in mir steckt, daß ich gar keinen guten Vorsatz fassen kann, ohne gleich ein Luftschiff dazu zu bauen.

»Im September 1925 stieß eine Straßenbahn in den klapprigen Bus, in dem Frida Kahlo saß«, schreibt Carlos Fuentes über die mexikanische Malerin, uns durch ihre ausdrucksstarken Selbstbildnisse bekannt, »brach ihre Wirbelsäule, ihr Schlüsselbein, ihre Rippen, ihr Becken. Ihr durch die Kinderlähmung verkrüppeltes Bein wurde elfmal gebrochen. Ihre linke Schulter blieb für immer ausgekugelt, einer ihrer Füße wurde zerschmettert. Eine Haltestange drang ihr in den Rücken und trat durch die Vagina wieder aus. Nach dem Aufprall lag Frida nackt und blutig auf dem Boden, aber mit goldenem Staub bedeckt. Ihrer Kleider entledigt, übersät von dem Goldstaub aus einem zerrissenen Päckchen, das ein Handwerker bei sich hatte: Kann es ein schrecklicheres und schöneres Porträt von Frida Kahlo geben als dieses?«

Ein Buch wunderbarer Übergänge ist so entstanden, Denken, Schreiben, Zeichnen, Malen, Spielen – ein *Gemaltes Tagebuch.*[109]

Es klingt nach Literatur, ist aber Leben: die unglückliche Liebesgeschichte zwischen Paul Valéry und Catherine Pozzi, 37, aus wohlhabendem Haus – eine schwierige Konstellation voller Hindernisse, Rollen und Masken, voll Demütigungen für Catherine, voll Ablösungsversuchen und Enttäuschungen. Ein Liebesleben, in verschwiegenen Hotelzimmern zelebriert, zum Scheitern verurteilt, doch der Tod kommt dem zuvor: Catherine stirbt qualvoll an Tuberkulose.

Ein Tagebuch von literarischem Rang, dieses *Tagebuch 1920–1928*[110], geschrieben von einer Frau, die Liebe, Schutz und Hingabe ersehnte und schließlich ihre Zuflucht bei Religion und Drogen suchte, um den verhängnisvollen Einfluß dieses egozentrischen Mannes (»Was ihn an mir interessiert, sind die Verwandlungen, die ich in ihm hervorbringe«) abzuwehren.

Catherine Pozzi

20. Oktober [1922]

Alle diese Seiten dort zerrissen. Das bedeutet, daß ich etwas zu glatt erzählt habe, daß der Mann meines Lebens es nicht verschmäht, das Buch meines Lebens nachzuschreiben, nachdem er das Manuskript gelesen hat.
Eines Morgens kam er herein und sagte: »Diese Idee des Universums verfolgt mich …«, auf seine Einleitung anspielend, deren Blätter ich gerade überflogen hatte. Ich antworte leise: »Mir scheint, daß Sie schon irgendwo gelesen haben … was Sie hier gerade geschrieben haben.« Er sagt: »Sie?«, spricht von etwas anderem, geht hinaus. Das war vor zehn Tagen.
Er wußte zwar, daß er etwas Schändliches getan hatte, aber er wußte es, ohne sich selbst darüber zu befragen, wußte es also nicht. Ich habe schließlich sehr bald zu ihm gesagt, daß das, was er da tat, schlecht war. Er hat geschwiegen. Und schließlich bot er mir an, das von ihm Geschriebene zu zerreißen. Und dann, wozu erzählen … Ich bin die Dümmste, ich glaube immer. Hingabe … Überschwenglichkeit … Wiedergefundenes Vertrauen.
Doch heute gehe ich durch sein Zimmer. Auf dem Tisch liegen Blätter: ich ergreife sie vor seinen Augen und lese sie. Es ist das erste Mal, daß er eine Bewegung macht, um mir das, woran er arbeitet, aus der Hand zu nehmen. Und diese Bewegung hat mich besser unterrichtet als die aus meinen *Seiten reproduzierten Ideen …*
Mir bleibt nichts mehr. Oh, mein Geist, das sind Sie also …

Als er De Libertate *las, das Manuskript von 1915 – fünf Jahre bevor ich wußte, daß es einen P. V. gab –, hat er mir nicht einmal gesagt, daß es etwas taugte. Inzwischen aber hat er es aufgenommen, dieses Etwas, darüber nachgedacht, es wachsen lassen, und nun ist es gut genug, um sein Bestes zu sein.*
Mein Herz schlägt langsam, das ist erstaunlich.[111]

Der zum Verzweifeln Anlaß gebende Gegensatz zwischen Schwund und »Gewinn« des Alters ist das Thema von Margarete Hannsmanns viel zu wenig beachtetem *Tagebuch meines Alterns*[112], das die frühere Gefährtin HAP Grieshabers dem Freund Franz Fühmann, der kurz zuvor starb, gewidmet hat. Eine Art Kalender der ihr noch verbliebenen Lebenszeit, Album ihrer privaten Chronologie. Nicht ohne Not und Verzweiflung beschreibt sie die Mühsal der täglichen Sinnlosigkeit (wozu überhaupt aufstehen?), die immerwährenden Versuche, durch Alltägliches Festigkeit zu erlangen, trotz Alptraumnächten und Erschöpfung, Schmerzen, Depression: »mich an den Abstieg machen«, doch der eigene Körper sendet Signale der Verweigerung aus. Schwimmengehen, dreimal die Woche, mit Trauer schöne junge Körper sehen mit 67 das Rauchen anfangen, Rituale. Ironische Selbstbetrachtung einer Frau, die beim Schriftstellerverband dreißig Jahre lang »gesellschaftspolitisch eingebunden« war, eine Linke, die sich intensiv mit unserem Land auseinandersetzt und die »die Ahnung streift, daß ein ganzes Leben nicht ausreicht, dieses Land zu begreifen«. Rauchen, Lesen, Schwimmen, Spazierengehen, die Lagerstätten im Garten wechseln, Fernsehen, die Mahlzeiten herunterwürgen, noch Blumen in die Vasen stellen, die Schubladen ordnen, die Fächer neu einräumen, Schallplatten auflegen, Freude am Geschirrschrank haben – Einsamkeit. Der hartnäckige Wille, sich nicht einsam fühlen zu wollen, um sich nicht verachten zu müssen. Dennoch Vereinsamung. Freunde, die gestorben sind, ein paar wenige vom Tod verschonte Paare, einsam Gewordene wie sie. »Ich fange an zu vergessen, was Liebe ist.«

Ein Leben mit festen Daten der Erinnerung: »Heute vor 46 Jahren war Hitlers Machtergreifung. Wie tief das haftet. Morgen hat Günter Eich Geburtstag.«

Es sind die Gestalten der geliebten Toten, die sie mahnen: schreib. Und sie schreibt: »Das Tagebuch wird nicht das Tagebuch, das ich schreiben möchte, täglich will ich es aufgeben, doch ich bin gefangen: ich habe es zum Inhalt dieses Jahres gemacht, gegen das Periphere, die Aktivitäten, die sich aufblasen. Wenn ich nicht schreibe, stürze ich in Löcher, aus denen herauszukriechen mir immer schwerer gelingt: Melancholie, die schöne Regungslosigkeit. Ich muß versuchen, die Ambivalenz auszubalancieren.«

Margarete Hannsmann

Karwoche

Millionenfaches Alleinsein auf der Welt. Alleinsein der Jungen wird in Balance gehalten von dem, was bevor-

steht. Das Alleinsein des Alternden ist ohne Hoffnung: »Da ist nirgendwo eine Hand, die dich berührt, die sich auf die deine legt«, sagte mir neulich eine Fünfzigjährige. Kein Streicheln mehr bis zum Tod.
Die Paare im Park. Die Paare im Schwimmbad. Im Theater, an den Tischen im Restaurant. Die Fernsehpaarungen; Gewöhnung an öffentlichen Beischlaf seit einem Dutzend Jahren. Wenigstens das wird im Altern gemildert: es durchzuckt einen kaum mehr beim Zusehn. Es kommt vor, daß ich es neidlos schön finde, wenn ein Mann sein Mädchen an sich zieht. Sympathie für Paare. Antipathie gegen Paare: lieber allein als den. Lieber einsam als die. Doch das sind alles Momentaufnahmen. Verschwunden, wenn das Alleinsein würgt.
Dreißig Jahre war meine Mutter allein. Ohne Ablenkung. Sie las kaum, sie reiste nie, kein Theater, kein Konzert, kein Restaurant, kein Fernsehen, keine Freunde; kaum ein Wort übern Zaun zur Nachbarin. Mir stehen alle Möglichkeiten offen. Hundert Fluchtwege; Sackgassen. Immer öfter der beschämende Augenblick: am Telefon das Wetter abfragen; manchmal mehrmals am Tag. Die menschliche Stimme vom Band. Für mich. Obwohl ich ein Dutzend Freunde anrufen könnte. Absurdität. Das halbe Dutzend achtzigjähriger Seeleute im Fernsehen, das Eberhard Fechner in La Paloma *I und II befragte: nirgendwo Weinerliches, alle scheinen noch sehr gern zu leben, der eigene Tod kam nicht vor, nur der Tod der anderen. Doch das geht wohl auf Fechners Konto: »Ich bin der Schnitt.«*
Gestern der 75jährige Sir Laurence Olivier in Elfenbeinturm: *der alte Maler. Atemlos machte mich, wie er mit den Mädchen umging. (Trübe Reminiszenz an meinen*

Maler.) Ich bin wohl anders konstruiert: möchte mir keine Knaben zulegen wie Anaïs Nin, Claire Goll, die alte Schweizer Dichterin neulich, beim Lyrikfestival. Einsamkeit: Briefmarken kaufen, mit dem Schalterbeamten reden. Im Auto am Straßenrand sitzen und die Briefmarken auseinandertrennen, sorgfältig, geduldig, die perforierten Stellen vorher gefalzt, während die Menschen rechts auf dem Trottoir an mir vorübergehen und links der Verkehr braust.
Im Auto am Straßenrand Notizen machen. Warum konnte ich das nie im Kaffeehaus wie andere Kollegen? Im Auto essen, auf einem Parkplatz, wo keiner zusieht, ich selbst aber hinaussehen kann. Warum gehe ich nicht in ein Restaurant?[113]

XV.
Die Tagebücher, die Liebe und der Tod

»Ach! ein Mädchen an Lippen und Busen, wäre mir lieber, als Analytik und Dialectic, lieber als Universität und Viktariat und Pfarramt. Da würd ich erwarmen, die Bücher lassen mich kalt. – Du, mein Freund, siehst meine aufgeworfenen Hügel, rastest, jetzt, dorten, wo die Sonne Dir die Schultern schattet. Fühlen, Du, unsere Hände aneinander gelehnt und belauschend die Ringe, die unsere Leiber nähern, bis der Bogen kommt, der uns mit uns rettet. Wie Du an mich denken mußt, wenn Du Dich sendest. Wären wir eins, und alle Schwere wollte ich teilen. Habe ich nicht Silberküsse, die bleiben, einzig gegeben ... – Erinnere dich daran, wie du früher oft dadurch gelitten hast, daß du dich mit deiner Leidenschaft eins fühltest: mit der Wollust, mit der Habgier, mit der Jagdleidenschaft, mit der Eitelkeit, und erinnere dich, wie das alles vorübergegangen ist und wie du das Ich nicht mehr fandest, das damals gelitten hat ... – Ich hab das Fräulein an der kassa gefragt, wer die wunderbare Schlittschuhläuferin ist: sie heißt wirklich Anastasja Klastoschek & wohnt in der Phorusgassen; aber wie alt sie ist wußte das Fräulein nicht. – Dora behauptet natürlich, sie sei schon 26: lächerbar! 26! so uralt ist sie bestimmt nicht. – Es ist, der Richtung nach – die gleiche hypochondrische Angst wie du um meine Manuskripte. Aber es ist mehr. Möchte mit Dir so zärtlich sein können, wie ich mit meinen Manuskripten sicherlich nicht bin, und überhaupt. Aber daß dies in dieser Form aufhören muß, ist evident: ich *muß* Ruhe für die Arbeit haben, die jetzt wirklich noch was wert ist, aber mit jeder Verschleppung minderwertiger wird und da ich es Gott sei Dank nicht aufgeben kann, Dich jeden Tag mehr lieb zu haben, noch mehr zu lieben, und dies absolut will, Dir noch mehr gehören möchte (allerdings, wie tut man das?), so muß ich eben mein ›Leben‹, pathetisch gesprochen, anders einrichten. Wir *müssen* weg, Kindchen, irgendwohin, wo uns niemand kennt – ... dann möchte ich wirklich endlich für Dich, Süßes, Nahes, etwas tun können ... – Er ist groß, und seine Kleider zeichnen die Umrisse seiner Gestalt ab. Wenn ich ihm nahe bin, ergreift mich ein widernatürliches Verlangen, ich möchte, daß er mir sehr weh täte. Ich möchte von seinen festen Händen erdrosselt werden. Er raucht oft Zigaretten, wählerisch, auserlesen. – Die wachsende Mühsal mit Hüften, Schultern, Rücken, Bäuchen, wie beharrlich sie auf knotigen, blauen, geschwollenen Beinen stehen. Trostloser ist nichts als die grauen Zotteln oder die kahlgewordenen Hügel neben dem knisternden Schamhaar jungen Fleisches. Immer wieder entwaffnet mich die Fröhlichkeit fetter alter Frauen im Bikini ... – Weiberliebe galt mir nichts mehr; ich suchte nur die Befriedigung wollüstiger Triebe bey ihnen, raste beyspiellos im Arm wilder Buhlerinnen und Freudenmädchen, ... – Der Ursprung aller Gewaltsamkeiten zwischen Mann und Frau und for all that zwischen Mann und Frau liegt darin, daß man sich äußerst selten in Einklang befindet über den Wert einer Tatsache, eines Gedankens, eines

Seelenzustandes: was für den einen eine Tragödie ist, ist für den anderen ein Schmerz ... – Noch hatte ich nichts zu lieben, aber auf Liebe ging mein Lieben, und tief innen ein Bedürftiger grollte ich mir, daß ich so wenig liebesbedürftig war.«

Die Autoren dieser Sammlung, Waiblinger, Hardenberg, Tolstoi, Arno Schmidt, Broch, Mansfield, Hannsmann, Waiblinger, Kierkegaard – so verschiedenartig ihr Ausgangspunkt auch sein mag, verbindet eins: ihre Suche nach Ausgleich, dem Ausweg aus ihrer Zerrissenheit, die Suche nach Liebe. Gefährdet allesamt und alle verwandt, quer durch die Zeiten. Von einem Christentum enttäuscht, das von den Ideen Christi so wenig übernahm, verlegt der moderne Mensch seinen Wunsch nach Liebe und Erlösung immer ausschließlich auf einen anderen Menschen, den ersehnten Partner – der, wie könnte es anders sein, das niemals leisten kann.

Dennoch bleibt allen, quer durch alle Kulturen, dasselbe verbindende Gefühl des In-die-Welt-Geworfenseins, ein nicht abzuschüttelndes Fremdgefühl. Muß der Mensch heute, wie Baudelaire in seinem Tagebuch schrieb, einsam sein?

Eva gibt mir einen Blick, und wir verständigen uns auf geheimen Wegen: Wir verlassen das Archiv und treten hinaus. Nach all der Stille sind wir von dem Getümmel wie berauscht und halten unwillkürlich inne. Dann betrachten wir mit freundschaftlichem Gefühl den Platz, der aussieht wie ein Zimmer, von Gästen heimgesucht, die in Grüppchen beieinanderstehen, von Kindern umringt, Mütter, die ihre Babies im Arm beruhigen, rauchende alte Männer, italienische Eßlust und Naschhaftigkeit, das unvermeidliche Eis. Die schönen jungen Mädchen, fein herausgeputzt, die jungen Männer mit Goldketten um den Hals, alte Frauen im schwarzen Kleid …

Aus seiner tiefen Neigung heraus, die glanzlosen Leben zu lieben, hat Saverio Tutini oben auf dem Podium seine Kandidaten um sich versammelt: drei achtzigjährige Freundinnen, die einst die Schulbank teilten und damals begannen, turnusgemäß ein gemeinsames Tagebuch zu verfassen. Die sich versprachen, sich nie an einen Mann zu binden – eine nur ist fahnenflüchtig geworden. Vittoria, Leda, Christina heißen die drei emanzipierten Schönen: gelassen in weißen Blusen, die Hände auf dem Schoß über das Buch gelegt, sonnengebräunte Gesichter unter weißem Haar. Ein behinderter Mann, der seine »Flaschenpost« schrieb, Emma, eine Mutter, die die Korrespondenz mit ihren Töchtern festhielt, Margherita, eine Frau aus den Bergen, die uns über ihre Begegnungen mit den Partisanen im Zweiten Weltkrieg Auskunft gibt, denen sie Nacht für Nacht quer durch die Macchia ihre Körbe mit Brot, Spaghetti und Wein brachte. Maria, eine junge Frau, die ihre spirituellen Erlebnisse in einer Frauenfreundschaft notierte.

Die üblichen Komplikationen, Rückkopplungsgeräusche aus dem Mikrophon, wilde Arrangements auf der Bühne, Quell der Neugierde fürs Publikum. An den Fenstern der den Platz einrahmenden alten Häuser zeigen sich ab und zu junge Gestalten, die einander Zeichen machen. Wir nehmen in einer Reihe Platz und harren der Dinge, die da kommen werden.

»Tagebuch auf dem Marktplatz ...« sagt Eva skeptisch.

»Ja«, sage ich, »Intimität unter den Augen der Öffentlichkeit ...«

Lange denken wir nicht darüber nach, denn nun beginnt die Festlichkeit, und nachdem man sich auf der Bühne besprochen, Musik erschallen ließ und geflüsterte Worte, durchs Mikrophon unvollständig übertragen, gewechselt hat, gehen die Lichter an, und die drei Schönen beginnen zu lesen. Mit verteilten Rollen berichten sie aus ihrer Schulzeit, von den Greueltaten und menschlichen Schwächen ihrer Lehrer. Später unter prasselndem Beifall eine szenische Lesung aus dem Tagebuch *Colibris*, des aus ärmlichen Verhältnissen stammenden Emigranten, der von einem Land ins andere zog, um zu arbeiten.

Wieso bin ich immer noch erstaunt, daß eine junge Frau dem Publikum so leichten Herzens Intimes aus ihrer Frauenfreundschaft berichtet und Wahrheiten über ihre Liebe der Menge ausliefert? Ringsum verdichtet sich das Dunkel, und die Augen der Scheinwerfer durchsuchen ihre weibliche Seele. Doch ich möchte schwören, indem sie ihren Gegenstand der Öffentlichkeit preisgibt, rettet sie in Wahrheit Geheimnisse, die nicht einmal sie selbst kennt.

»Seltsam«, sagt Eva, »meine Vorbehalte sind wie weggeblasen. Es wirkt weder lächerlich noch indiskret, ja, ich habe nicht einmal das Gefühl, daß sie sich ausliefert.«

»Sie ist ganz souverän. Sie ist selbst das beste Beispiel für eine Frau, die man lieben könnte.«

Zahlreiche Eigenheiten, die der Feder der Schreibenden entschlüpfen, doch die Zuhörer zeigen sich entgegenkommend und sind ohne Vorurteil, verständnisvoll gegenüber allem Kreatürlichen wie Italiener überhaupt. Außerdem sorgt Saverio Tutini aufs sensibelste dafür, daß seine Schützlinge behütet und geborgen bleiben. Er hebt in kurzen Worten ihr Besonderes lobend hervor, und ich entdecke kein einziges abwertendes Wort.

Was sind wir doch verdorbener, wir Deutschen, wie schwer fällt es uns, an die Unschuld zu glauben!

Sicher, mit dem Genuß am Geheimnisvollen eines Tagebuchs ist es damit vorbei. Wenn man sich mit seinem intimen Ich an die Öffentlichkeit begibt, verliert man auch das Gefühl der Freiheit, das wir in der Anonymität genießen.

Das geheime Ich wächst mit dem öffentlichen zusammen, und etwas Neues entsteht dabei.

»Jeder Mensch erfindet sich früher oder später eine Geschichte, die er, oft unter gewaltigen Opfern, für sein Leben hält«, schrieb Max Frisch. Je mehr sich der »wahre Mensch« in seinem Tagebuch verbirgt, desto mehr waltet oft eine erstaunliche Erfindungskraft. Was liegt näher, als sie für Dichtung zu halten? Es ist das eigene Leiden, das man plötzlich genießen kann, den eigenen Lebensroman.

Hier liegt der Wunsch nahe, zu verwerten, was sich auf so leidenschaftliche und leidensvolle Weise von uns abgetrennt hat. Hier wächst die Versuchung, andere nachzuahmen, die von ihrem Zusammenbruch profitieren. In der Literatur wimmelt es von falschen und echten Tagebüchern, die schwer auseinanderzuhalten sind. Warum es nicht an den Verlag schicken, dieses quälend Angespannte und Zerstörerische, dieses Ureigene, zum Ausdruck Gebrachte, das niemand sonst zu Papier bringen kann?

Den Stoff, aus dem unser Leben ist, verwerten – ein literarisches Mißverständnis. Authentizität an sich löst keinesfalls immer unser künstlerisches Entzücken aus.

Es bedarf der Imagination und des Geistes des Autors, auch beim Tagebuch. Dann können wir, mit seiner Hilfe, uns und die Welt besser erkennen.

Rasch verfliegt der Abend, der uns mit seinem strahlenden Scheinwerferlicht umflutet hat, und Evas Gesicht verblaßt, erlischt, versinkt im Dunkel.

All das, was sich in den Schicksalen und Tagebüchern findet, in den Schicksalen hoffnungslos Leidender und Verlassener, sehe ich in ihrem Gesicht.

Sie sagt: »Ich fürchte den Tod.«

Es ist spät, als wir zurückfahren, doch wir haben beschlossen, zu Hause zu übernachten und unser Hotelzimmer verlassen. Eva ist schweigsam neben mir, macht kaum eine Bewegung, doch wenn ich ab und zu meinen Blick auf sie richte, scheint ihr Gesicht ruhig. Ich denke: Sie hat Angst vor der Zeit, wie wir alle. Dennoch, fühle ich, ist etwas geschafft. Wer alles über den Tod wissen will, lernt es am besten an sich.

Am Haus angekommen, beschließen wir, noch zusammen ein Glas Wein zu trinken. Doch keine von uns geht in die Küche, wir bleiben draußen am Tisch sitzen und genießen, regungslos und ein wenig müde, die laue Sommernacht.

»Wollte ich lieber rot sein oder tot? Ich weiß nur, daß heute tot und rot dasselbe bedeuten ... Der d'Alencon hatte fortwährend Psalmen gesungen; als er zum Holzstoß kam, setzt' er sich darauf, zog seine Kleider selber aus, bis auf das Hemd, legte sie säuberlich zusammen an einen Ort, als wolle er sie weiter gebrauchen, redet' ernstlich mit den anderen, so abfallen wollten ... – Da ist eine Fünfundachtzigjährige, sie haben sie sterbend eingeliefert, in unser Zimmer. Dann rannten die Ärzte, gaben ihr Spritzen, Herzspritzen, was weiß ich, Blutkonserven, Sauerstoff, das war eine Emsigkeit, eine große Mühe, und was, was glaubst Du, ist geschehen ... Die Frau lebt weiter ... – Heute unterzeichnete und siegelte ich mein Testament, das nach meinem Sinn und hoffentlich auch dem Allmächtigen wohlgefällig ist ... die Idee der unaussprechlichen Einsamkeit, die mich seit S. Tode umgibt – mit ihr ist für mich die ganze Welt ausgestorben ... – Natürlich ist das Hingezogensein zum Loch von Abscheu und Angst begleitet. Aber das Nichts des Lochs hat eine Farbe: es ist ein schwarzes Nichts, was hier eine andere Natur, eine andere Grundkategorie ins Spiel bringt: die Nacht. Die Natur des Lochs ist nächtlich ... – Oh, wie demütigend ist es, zu sterben. Ich winde mich, wenn ich daran denke, durch einen so unfairen Feind überwältigt zu werden, bevor ich mich selbst erwiesen habe vor altjüngferlichen Tanten, die mir mißtrauen ...«

Annehmen und Rebellion des Todes, ins Tagebuch

geschrieben von Margarete Hannsmann, Felix Platter, Maxie Wander, Samuel Pepys, Novalis, Sartre, W. N. P. Barbellion, Canetti.

Eine seltsame Stimmung, wie sie uns manchmal überfällt, so zwischen Schlafen und Wachen, hat uns eingehüllt. Wir sind nicht einmal ins Bad gegangen, um uns die Hände zu waschen, haben unser Gepäck im Auto gelassen, bleiben sitzen, wie wir uns hingesetzt haben, in süßer Passivität. Das Gefühl, daß Eva gefährdet ist und das mich zuvor so wachsam gemacht hatte, ist geschwunden.

»Es ist nicht viel geschehen«, sagt sie dann, »und doch war es eine wichtige Zeit. Ich bin zum ersten Mal aus der Situation zu Hause herausgetreten, der Umgebung, die mit ihm verbunden ist.«

Ich unterbreche sie nicht, ziehe nur den Shawl fester um meine Schultern. Ein tiefblaues Sternenlicht liegt auf ihren Haaren. Ein Uhu schüttelt das Dunkel von seinen Federn, und von dem Weinfeld des Nachbarn ertönt, sobald ein Wildschwein das Terrain betritt, ein dumpfer Schuß: der Rebenkrieg allerorten.

Die Zeit mit ihr hat mir ihre Umrisse schon vertraut gemacht. »Wenn man so aus dem Alltag einmal herausgetreten ist, mit einem Tagebuch auf dem Nachttisch«, sagt sie, »dann hat man nur noch den Wunsch, anders zu leben. Gestern, als ich spazierenging, traf ich eine junge Frau auf einer Bank, mit zwei kleinen Kindern, eine einfache Frau vom Land. Die Kinder spielten ›Papa stirbt‹, eins lag auf dem Boden, das andere hielt seine Hand.« Sie erhob sich, steif vom Sitzen, und dehnte sich. »Die Frau sprach mit mir, um das zu erklären. Ihr Mann sei gerade gestorben, vor drei Wochen.«

Ich nicke, sage nichts.

»Die Frau sagte, die Kinder kennten den Tod, die Tiere werden geboren und sterben, für sie ist es ein Teil des Lebens. Das habe ich nie gelernt.«

Ich sehe sie an.

»Deshalb habe ich immer versucht, den Lauf der Zeit zurückzudrehen. Ich wollte, daß er alles für mich bleibt. Ich habe nur das Ende gedacht, dort, wo vielleicht auch ein Beginn ist.«

Wieder nicke ich.

»All das, was mir dazu durch den Kopf ging, habe ich in meinem Tagebuch notiert. Und schon am Tag darauf war ich entsetzt, wie rasch die Zeit meine Tinte trocknet ...«

Sie schweigt, ein ruhiges, angenehmes Schweigen, dann sagt sie leise: »Ich gebe zu, daß mir in manchen Augenblicken mein Tod eine Erleichterung gewesen wäre, doch damit ist es vorbei.« Ich muß nicht mehr aufatmen, denn ich habe es längst getan.

»Ich hole uns ein Glas Wein.«

»Laß mich das tun.«

Sie steht auf, geht in die Küche, kehrt mit der Flasche Wein und drei Gläsern zurück.

»Auf uns«, sage ich. Wir heben das Glas.

Eva trinkt, setzt ab und füllt das dritte Glas.

»Und auf Zelda«, sagt sie. »Hätte Fitzgerald ihr nicht untersagt, ihr Tagebuch zu veröffentlichen, hätte sie nicht den Verstand verloren.«

Schlußbemerkung

Hätte mich nicht der Verlag an meinen Vertrag gemahnt, ich glaube, ich wäre verzweifelt. Die Fülle des Materials schien unüberwindlich zu sein. So aber blieb mir nichts anderes übrig, als mich zu stellen, und ich tat es, indem ich ein kleines Buch daraus machte, mit dem Mut zur Lücke – kein Sachbuch, sondern eine einfache Erzählung vom Tagebuchschreiben und von der Geschichte der Tagebücher.

Das Abenteuer, in das ich mich eingelassen habe, hätte ich ohne Gustav René Hocke, dessen unschätzbarem Werk über *Europäische Tagebücher aus vier Jahrhunderten* ich Anregungen und Information verdanke, nicht bestanden. Seiner Anthologie habe ich einige sonst nicht erreichbare oder nicht übersetzte Beiträge entnommen. Auch bei anderen Büchern habe ich mich kundig gemacht: Adolf Muschg, *Literatur als Therapie?*; Christa Baldwin, *Das kreative Tagebuch*; Raffaele Cavaliere, *Scrivere lo diario per conoscere se stessi*; Uwe Schultz, *Das Tagebuch und der moderne Autor*; Hans Dieter Zimmermann, *Vom Nutzen der Literatur; Literatur und Erfahrung: Tagebücher*; Doris Niemeyer, *Die intime Frau*; Marie-Line Pétrequin, *Literarische Konstitution einer weiblichen Identität – Produktionsästhetische Untersuchungen zu den Tagebüchern von Anaïs Nin*. Nicht zuletzt gebührt Dank meiner Lektorin Karin Herber-Schlapp.

B. B.

Anmerkungen

Da mehrere Rechteinhaber trotz aller Bemühungen nicht feststellbar oder erreichbar waren, verpflichtet sich der Verlag, nachträglich geltend gemachte rechtmäßige Ansprüche nach den üblichen Honorarsätzen zu vergüten.

1 Jacopo da Pontormo: *Tagebuch*. Übersetzt von Gustav René Hocke nach der Neufassung des italienischen Originaltextes von Emilio Cecchi: *Diario di Jacopo da Pontormo.* Florenz, 1956. In: Gustav René Hocke: *Europäische Tagebücher aus vier Jahrhunderten.* Fischer Taschenbuch Verlag, Frankfurt/M. 1991.
Abdruck mit freundlicher Genehmigung des Limes Verlages, München.

2 Henri-Frédéric Amiel: *Blätter aus dem Tagebuch.* Rotapfel, Zürich 1944.
Abdruck mit freundlicher Genehmigung des Verlages Matthes & Seitz, München.

3 Barry Sanders: *Der Verlust der Sprachkultur.* S. Fischer, Frankfurt/M. 1995.

4 Clelia Marchi: *Gnanca na busia.* Mondadori, Mailand 1992. Deutsche Ausgabe: *Keine einzige Lüge.* Lebensbericht auf einem Bettlaken. Deutscher Taschenbuch Verlag, München 1996.

5 Samuel Johnson: *Diaries, Prayers, and Annals.* New Haven, London 1958. Übersetzt von Helly Hohenemser. In: Gustav René Hocke: *Europäische Tagebücher aus vier Jahrhunderten.* Fischer Taschenbuch Verlag, Frankfurt/M. 1991. (Hervorhebung von der Autorin.)
Abdruck mit freundlicher Genehmigung des Limes Verlages, München.

6 Erich Kästner: *Notabene 45. Ein Tagebuch.* Zürich und Berlin 1961.

7 Gustav René Hocke: *Europäische Tagebücher aus vier Jahrhunderten.* Fischer Taschenbuch Verlag, Frankfurt/M. 1991.

8 Johann Wolfgang von Goethe: *Tagebücher Band 1 (1775–1787).* Sophien-Ausgabe, Weimar 1887.

9 *Aus dem Tagebuch (Logbuch) des Kolumbus, nach der Landung auf Haiti.* Übersetzt von Peter Demetz. In: Das Paradies der schwindenden

Erde. (Reise-)Tagebuchaufzeichnungen aus Haiti. Merkur H. 3, 1962. Abdruck mit freundlicher Genehmigung von Peter Demetz.
10 Charles Baudelaire: *Mein entblößtes Herz.* Kurt Desch, München 1946.
11 Marc Aurel: *Selbstbetrachtungen.* Übersetzt und herausgegeben von Willy Theiler, Zürich 1951. Buch 11,1.
12 A.a.O., Buch 8,3.
13 Seneca: *Briefe an Lucilius.* 28,7.
14 A.a.O., 68,5.
15 Anne Frank: *Das Tagebuch der Anne Frank.* In der Fassung von Otto H. Frank und Mirjam Pressler. Aus dem Niederländischen von Mirjam Pressler. Fischer Taschenbuch Verlag, Frankfurt/M. 1992. Abdruck mit freundlicher Genehmigung des Fischer Taschenbuch Verlages, Frankfurt am Main. © 1988 by S. Fischer Verlag GmbH, Frankfurt am Main.
16 Anne Frank: *Die Tagebücher der Anne Frank.* Einführung von Harry Paape, Gerold van der Stroom, David Barnouw. Mit einer Zusammenfassung des Berichts des Gerichtslaboratoriums des Justizministeriums von H. J. Hardy. Aus dem Niederländischen von Mirjam Pressler. S. Fischer, Frankfurt/M. 1988.
17 Etty Hillesum: *Das denkende Herz.* Rowohlt, Reinbek 1985.
18 Herausgegeben von Barbara Distel und Wolfgang Benz.
19 Victor Klemperer: *Ich will Zeugnis ablegen bis zum letzten.* Tagebücher 1933–1945. 2 Bände. Herausgegeben von Walter Nowojski unter Mitarbeit von Hadwig Klemperer. Aufbau, Berlin 1995.
20 A.a.O.
Abdruck mit freundlicher Genehmigung des Aufbau-Verlages, Berlin und Weimar. © Aufbau-Verlag GmbH 1995.
21 Hertha Nathorff: *Das Tagebuch der Hertha Nathorff.* Fischer Taschenbuch Verlag, Frankfurt/M. 1988.
22 Oskar Rosenfeld: *Wozu noch Welt.* Aufzeichnungen aus dem Getto Lodz. Verlag Neue Kritik, Frankfurt/M. 1994.
23 Jochen Klepper: *Unter dem Schatten Deiner Flügel.* Aus den Tagebüchern. Stuttgart 1956.
24 Gustav René Hocke in: *Europäische Tagebücher aus vier Jahrhunderten.* Fischer Taschenbuch Verlag, Frankfurt/M. 1991.
25 Jochen Klepper: *Unter dem Schatten Deiner Flügel.* Aus den Tagebüchern. Stuttgart 1956.
26 Zlata Filipovic: *Ich bin ein Mädchen aus Sarajevo.* Lübbe, Bergisch Gladbach 1994.
27 C. H. Beck, München 1995.
28 Wolfdietrich Schnurre: *Der Schattenfotograf.* List, München 1978.
29 A.a.O.

30 A.a.O.
Abdruck mit freundlicher Genehmigung des Paul List Verlages, München.
31 Elias Canetti: *Nachträge aus Hampstead.* Aufzeichnungen. Hanser, München 1994.
32 Paul Klee: *Tagebücher 1898–1918.* DuMont, Köln 1957.
33 Robert Musil: *Aus den Tagebüchern.* In: Gesammelte Werke. Rowohlt, Reinbek 1978.
Abdruck mit freundlicher Genehmigung des Rowohlt Verlages, Reinbek. © by Rowohlt Verlag GmbH, Reinbek.
34 Larry Dossey: *Space, Time, and Medicine.* New Science Library, Boston, Mass. 1982.
35 Christa Goldmann-Posch: *Tagebuch einer Depression.* Kindler, München 1985.
Abdruck mit freundlicher Genehmigung des Kindler Verlages, München. © 1985 Kindler Verlag, München.
36 Raffaele Cavaliere: *Scrivere lo diario per conoscere se stessi.* Città Nuova 1994.
37 Bernard Berenson: *Echi e Riflessioni.* Diario 1941–1944. Mailand 1950. Auszüge in deutscher Übersetzung: *Gerüchte und Betrachtungen.* In: Neue Rundschau 1954, Heft 1.
38 Knut Hamsun: *Auf überwachsenen Pfaden.* München 1950.
39 Gustav René Hocke in: *Europäische Tagebücher aus vier Jahrhunderten.* Fischer Taschenbuch Verlag, Frankfurt/M. 1991.
40 Auszüge zitiert nach: Gustav René Hocke: *Europäische Tagebücher aus vier Jahrhunderten.* Fischer Taschenbuch Verlag, Frankfurt/M. 1991.
41 Léon Bloy: *Vier Jahre Gefangenschaft in Cochons-sur-Marne.* Tagebuch des Verfassers 1900–1904. Aus dem Französischen von P. A. Roesicke. Nürnberg 1951.
42 Ernst Jünger: *In Stahlgewittern, Das Wäldchen, Feuer und Blut.* Gesammelte Werke. Klett-Cotta, Stuttgart 1961.
43 André Gide: Journal 1889–1939. In: *Tagebuch 1889–1939.* Übertragen von M. Schaefer-Rümelin. Band 2: 1914–1923. Stuttgart 1951.
44 A.a.O.
45 Rowohlt Taschenbuch Verlag, Reinbek.
46 Klaus Mann: Entscheidung – Aus einem Tagebuch. In: *Der Wendepunkt.* Ein Lebensbericht. Frankfurt/M. 1953.
47 Biederstein, München 1961.
48 Harry Graf Kessler: *Die Tagebücher 1918–1937.* Herausgegeben von Wolfgang Pfeiffer-Belli. Insel, Frankfurt/M. 1996.
49 Alle ihre Tagebücher sind im S. Fischer Verlag erschienen.

50 William Laurence Shirer: *Berliner Tagebuch.* Das Ende 1944–1945. Übertragen und herausgegeben von Jürgen Schebera. Gustav Kiepenheuer, Leipzig 1994.

51 Neuauflage C. H. Beck, München 1992.

52 Walter Kempowski: *Das Echolot.* Ein kollektives Tagebuch. Band I, 1.-17. Januar 1943. Albrecht Knaus, München 1993.
Abdruck mit freundlicher Genehmigung von Walter Kempowski.

53 Zitiert nach: a.a.O.
Danuta Czech: *Kalendarium der Ereignisse im Konzentrationslager Auschwitz-Birkenau 1939–1945.* Rowohlt, Reinbek 1989.
Abdruck mit freundlicher Genehmigung des Rowohlt Verlages, Reinbek. © 1989 by Rowohlt Verlag GmbH, Reinbek.

54 Heinrich Breloer (Hg.): *Mein Tagebuch.* Geschichten vom Überleben 1939–1947. vgs verlagsgesellschaft, Köln 1984.

55 A.a.O.

56 Erich Mühsam: *Tagebücher. 1912–1924.* Herausgegeben und mit einem Nachwort von Chris Hirte. Deutscher Taschenbuch Verlag, München 1994.

57 Reiner Kunze: *Am Sonnenhang.* Tagebuch eines Jahres. S. Fischer, Frankfurt/M. 1993.

58 A.a.O.

59 Dietz 1992.

60 *Das Tagebuch und der moderne Autor.* Herausgegeben von Uwe Schultz. Ullstein, München 1982.

61 Stefan Zweig: *Tagebücher.* Herausgegeben, mit Anmerkungen und einer Nachbemerkung versehen von Knut Beck. S. Fischer, Frankfurt/M. 1984.
Abdruck mit freundlicher Genehmigung des S. Fischer Verlages, Frankfurt am Main. © 1984 S. Fischer Verlag GmbH, Frankfurt am Main.

62 *Das Tagebuch und der moderne Autor.* Herausgegeben von Uwe Schultz. Ullstein, München 1982.

63 Ludwig II. von Bayern. *Tagebuch-Aufzeichnungen 1869–1886.* Liechtenstein 1925.

64 *Fragmente eines Tagebuchs.* Aus dem Dänischen von A. Leonhardt. Frankfurt/M. 1953.

65 Jakob Baechtold: *Gottfried Kellers Leben.* Seine Briefe und Tagebücher. Bd. 1 und 2. Berlin 1894.

66 Blaise Pascal: *Pensées.* Edition intégrale, Paris 1948. Deutsch: *Über die Religion und über einige andere Gegenstände.* Übertragen von E. Wasmuth. Heidelberg 1954.

67 Henri-Frédéric Amiel: *Intimes Tagebuch.* Ausgewählt, übersetzt und

eingeleitet von Ernst Merian-Genast. Matthes & Seitz, München 1986.

68 Hermann Broch: *Das Teesdorfer Tagebuch für Eva von Allesch.* Herausgegeben von Paul Michael Lützeler. Suhrkamp, Frankfurt/M. 1995. Abdruck mit freundlicher Genehmigung des Suhrkamp Verlages, Frankfurt am Main. © Suhrkamp Verlag Frankfurt am Main 1995.

69 Gustave Flaubert: *Reisetagebücher.* Erster Band 1840–1947, zweiter Band 1849–1850, dritter Band 1850–1858. Aus dem Nachlaß übersetzt und herausgegeben von Eduard Wilhelm Fischer. Gustav Kiepenheuer, Leipzig 1919, Nachdruck 1993.

70 Edmond und Jules de Goncourt: *Tagebücher.* Ausgewählt, übertragen und herausgegeben von Justus Franz Wittkop. Insel, Frankfurt/M. 1983.

71 Herman Melville: *Reisefresken dreier Brüder: Dichter, Maler, Müßiggänger.* Tagebuch einer Reise nach Europa und in die Levante 1856/57. Aus dem Amerikanischen übersetzt und kommentiert von Daniel Göske. Illustriert von Georg Baselitz. Gachnang & Springer, Bern und Berlin 1991.

72 Albert Camus: *Reisetagebücher.* Rowohlt, Reinbek 1980.

73 Stefan Zweig: *Auf Reisen.* Feuilletons und Berichte. Herausgegeben und mit einer Nachbemerkung von Knut Beck. S. Fischer, Frankfurt/M. 1987.

74 Joseph Conrad: *Kongo-Tagebuch.* Haffmanns, Zürich 1982.

75 Iris Origo: *Toskanisches Tagebuch 1943/44.* Übersetzt von Uta Elisabeth Trott. C. H. Beck, München 1991.

76 Rolf Dieter Brinkmann: *Rom, Blicke.* Rowohlt, Reinbek 1977. Abdruck mit freundlicher Genehmigung des Rowohlt Taschenbuch Verlages, Reinbek. © 1979 by Rowohlt Taschenbuch Verlag GmbH, Reinbek.

77 A.a.O.

78 Friedrich Nietzsche: *Philologisches und Philosophisches (Frühjahr–Herbst 1868).* In: Werke und Briefe, historisch-kritische Gesamtausgabe Werke Band 4. Herausgegeben von H. J. Mette und K. Schlechta. München 1937.

79 Cesare Pavese: *Das Handwerk des Lebens.* Tagebuch 1935–1950. Deutsch von Charlotte Birnbaum. Suhrkamp, Frankfurt/M. 1956.

80 Kurt Tucholsky: *Q-Tagebücher 1934–1935.* Herausgegeben von Mary Gerold-Tucholsky und Gustav Huonker. Rowohlt, Reinbek 1978.

81 Hans Mayer: *Wendezeiten.* Über Deutsche und Deutschland. Suhrkamp, Frankfurt/M. 1993.

82 Johann Wolfgang von Goethe: *Sämtliche Werke.* Briefe, Tagebücher und Gespräche. Deutscher Klassiker Verlag, Frankfurt/M.

83 Klaus Harpprecht: *Thomas Mann.* Eine Biographie. Rowohlt, Reinbek 1995.

84 Die Tagebücher Thomas Manns sind in 10 Bänden im S. Fischer Verlag, Frankfurt/M. erschienen.
Tagebücher 1953–1955. Herausgegeben und mit einem Vorwort von Inge Jens. S. Fischer, Frankfurt/M. 1995.

85 Friedrich Georg Jüngers Tagebücher, zuletzt *Siebzig verweht*, sind in drei Bänden bei Klett-Cotta erschienen.
Hans Carossa: *Tagebücher 1925–1935.* Insel, Frankfurt/M. 1993.
Arthur Schnitzler: *Tagebuch 1913–1919.* Verlag der Österreichischen Akademie der Wissenschaften, Wien 1986.
Paul Valéry: *Cahiers. / Hefte.* 6 Bände. Herausgegeben von Hartmut Köhler und Jürgen Schmidt-Radefeldt. S. Fischer, Frankfurt/M. 1988–1993.
Theodor Fontane: *Tagebücher.* 1852 und 1858–1898. 2 Bände. Aufbau, Berlin 1994.
Thornton Wilder: *Die Tagebücher.* 1939–1961. Ausgewählt und herausgegeben von Donald Gallup. S. Fischer, Frankfurt/M. 1988.

86 Max Frisch: *Tagebuch 1966–1971.* Suhrkamp, Frankfurt/M. 1972.

87 Isaak Babel: *Tagebuch 1920.* Herausgegeben, übersetzt und kommentiert von Peter Urban, Friedenauer Presse 1990.

88 Thomas Mann: *Tagebücher 1951–1952.* Herausgegeben und mit einem Vorwort von Inge Jens. S. Fischer, Frankfurt/M. 1993.
Abdruck mit freundlicher Genehmigung des S. Fischer Verlages, Frankfurt am Main. © 1993 S. Fischer Verlag GmbH, Frankfurt am Main.

89 Jean-Paul Sartre: *Tagebücher November 1939–März 1940.* Aus dem Französischen von Eva Moldenhauer. Rowohlt, Reinbek 1984.

90 A.a.O.
Abdruck mit freundlicher Genehmigung des Rowohlt Verlages, Reinbek. © 1984 by Rowohlt Verlag GmbH, Reinbek.

91 *Tagebuch eines halbwüchsigen Mädchens.* Mit einem Vorwort von Alice Miller. Herausgegeben von Hanne Kulessa. Suhrkamp, Frankfurt/M. 1987.
Abdruck mit freundlicher Genehmigung des Suhrkamp Verlages, Frankfurt am Main. © Suhrkamp Verlag Frankfurt am Main 1987.

92 Franziska Gräfin zu Reventlow: *Tagebücher 1895–1910.* S. Fischer, Frankfurt/M. 1976.

93 A.a.O.

94 Anaïs Nin: *Das Kindertagebuch* 1914–1919 und 1919–1920. Aus dem Französischen von Irène Kuhn. Knaur, München 1994 und 1995.

Abdruck von Text und Bild mit freundlicher Genehmigung der Nymphenburger Verlagshandlung, München. © by Nymphenburger Verlagshandlung in der F. A. Herbig Verlagsbuchhandlung GmbH, München.

95 *Die Tagebücher der Anaïs Nin 1933–1944.* Herausgegeben von Gunther Stuhlmann. Übersetzt von Marie Dessauer. Wegner 1970.
Abdruck mit freundlicher Genehmigung der Nymphenburger Verlagshandlung, München. © by Nymphenburger Verlagshandlung in der F. A. Herbig Verlagsbuchhandlung GmbH, München.

96 Anaïs Nin: *Das Kindertagebuch* 1914–1919 und 1919–1920. Aus dem Französischen von Irène Kuhn. Knaur, München 1994 und 1995.

97 Lucie Christine: *Geistliches Tagebuch.* Mainz 1952.

98 Sylvia Plath: *Die Bibel der Träume.* Herausgegeben von Klaus Reichert 1987. Frankfurter Verlagsanstalt, Frankfurt/M.

99 Virginia Woolfs Tagebücher erscheinen im S. Fischer Verlag, Frankfurt/M., herausgegeben von Klaus Reichert.

100 Elsa Morante: *Traumtagebuch. Diario 1938.* Aus dem Italienischen von Maja Pflug. Herausgegeben von Alba Andreini. Fischer Taschenbuch Verlag, Frankfurt/M. 1993.

101 Sibilla Aleramo: *Tagebuch einer Frau 1945–1960* (Diario di una donna). Herausgegeben von Alba Morino. Übersetzt von Gisela Baratta und Maja Pflug. Frauenbuchverlag, München 1980.

102 Katherine Mansfield: *Tagebuch 1904–1922.* Deutscher Taschenbuch Verlag, München 1979.

103 Maxie Wander: *Leben wär' eine prima Alternative.* Tagebuchaufzeichnungen und Briefe. Herausgegeben von Fred Wander. Deutscher Taschenbuch Verlag, München 1994. Alle Rechte bei Fred Wander.

104 Brigitte Reimann: *Die geliebte, verfluchte Hoffnung.* Tagebücher und Briefe. Luchterhand, Neuwied 1968.

105 Maxie Wander: *Guten Morgen, du Schöne.* Protokolle nach Tonband. Deutscher Taschenbuch Verlag, München 1993.

106 Maxie Wander: *Leben wär' eine prima Alternative.* Tagebuchaufzeichnungen und Briefe. Herausgegeben von Fred Wander. Deutscher Taschenbuch Verlag, München 1994. Alle Rechte bei Fred Wander.
Abdruck mit freundlicher Genehmigung von Fred Wander.

107 Simone Weill: *Fabriktagebuch.* Deutsch von Heinz Abosch. Suhrkamp, Frankfurt/M. 1978.
Abdruck mit freundlicher Genehmigung des Suhrkamp Verlages, Frankfurt am Main. © Suhrkamp Verlag Frankfurt am Main 1978.

108 Beatrice Webb: *Meine Lehrjahre.* Eine Autobiographie. Übersetzt von Christa Krüger. Insel, Frankfurt/M. 1988.
Abdruck mit freundlicher Genehmigung des Insel Verlages, Frankfurt am Main. © Insel Verlag Frankfurt am Main 1988.
109 Frida Kahlo: *Gemaltes Tagebuch.* Mit einer Einführung von Carlos Fuentes. Kindler, München 1995.
110 Catherine Pozzi: *Paul Valéry. Glück, Dämon, Verrückter.* Tagebuch 1920–1928. Herausgegeben und aus dem Französischen übersetzt von Max Looser. Insel, Frankfurt/M. 1995.
111 A.a.O.
Abdruck mit freundlicher Genehmigung des Insel Verlages, Frankfurt am Main. © Insel Verlag Frankfurt am Main 1995.
112 Margarete Hannsmann: *Tagebuch meines Alterns.* Albrecht Knaus, München 1991.
113 A.a.O.
Abdruck mit freundlicher Genehmigung des Albrecht Knaus Verlages, München. © 1991 Albrecht Knaus Verlag GmbH, München.

Über die Autorin

Barbara Bronnen, 1938 in Berlin geboren, wuchs in Österreich auf. Sie studierte Germanistik, verfaßte Dokumentationen, Filme und Hörspiele, stellte Anthologien zusammen und schrieb mehrere Romane, u.a. »Die Tochter«, »Die Überzählige«, »Liebe um Liebe«, »Dschungelträume« und »Donna Giovanna«.
Zuletzt erschien »Meine Toskana« 1995. Sie lebt in München.